金融街**10**号丛书
The Series of No.10 Financial Street

金融街**10**号丛书
The Series of No.10 Financial Street

债券市场发展研究

（第三辑）

STUDY ON THE DEVELOPMENT
OF BOND MARKET

中央国债登记结算有限责任公司◎主编

全 国 百 佳 图 书 出 版 单 位
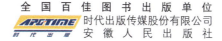
时代出版传媒股份有限公司
安 徽 人 民 出 版 社

图书在版编目(CIP)数据

债券市场发展研究(第三辑)/中央国债登记结算有限责任公司　主编.—3 版.
—合肥:安徽人民出版社,2020.10

(金融街 10 号丛书)

ISBN 978－7－212－10893－9

Ⅰ.①债…　Ⅱ.①中…　Ⅲ.①债券市场—研究—中国　Ⅳ.①F832.51

中国版本图书馆 CIP 数据核字(2020)第 161911 号

债券市场发展研究(第三辑)

ZHAIQUAN SHICHANG FAZHAN YANJIU(DI SAN JI)

中央国债登记结算有限责任公司　主编

出 版 人:陈宝红　　　　　　　　　　　丛书策划:曾昭勇　白　明

责任编辑:李　芳　　　　　　　　　　　责任印制:董　亮

封面设计:许润泽

出版发行:时代出版传媒股份有限公司 http://www.press-mart.com

　　　　　安徽人民出版社 http://www.ahpeople.com

地　　址:合肥市政务文化新区翡翠路 1118 号出版传媒广场八楼　邮编:230071

电　　话:0551－63533258　0551－63533292(传真)

印　　刷:安徽省人民印刷有限公司

开本:710mm×1010mm　　1/16　　印张:15.75　　字数:220 千

版次:2020 年 10 月第 1 版　　　　2020 年 10 月第 1 次印刷

ISBN 978－7－212－10893－9　　　　　定价:36.00 元

目录

中债国债收益率曲线预测宏观经济的理论和实证研究

牛玉锐　许姚芳　王超群　周　舟

摘　要: 我国国债收益率曲线对宏观经济有预测能力。本文从理论上详细梳理了影响收益率曲线预测能力的几个方面,发现收益率曲线的预测能力随货币体制、通胀惯性和通胀风险金的变化而变化。实证方面,本文从中债收益率曲线中提取了水平、斜率和曲率三因子,同时又选取了72个宏观经济指标,使用主成分分析技术从中提取了三个主成分因子。我们分别用这两组因子预测宏观经济景气一致指数,发现中债收益率曲线的预测能力更优。

关键词: 收益率曲线　NS方程　主成分分析　中债收益率曲线　宏观经济指标

一、背景

收益率曲线又叫作期限结构,连接着微观金融和宏观经济。自从Kessel(1965)首先讨论收益率曲线随经济周期变化的规律以来,很多学者开始研究收益率曲线对宏观经济的预测作用。

Fama(1990)、Harvey(1988)、Estrella and Hardouvelis (1991,1997) 和 Gnan(2004)等人基于线性回归模型,发现长短利差可以作为预测宏观经济的先行指标。Estrella and Mishkin(1998)等人基于 probit 模型,利用利差预测经济衰退的概率,表现良好。此外,Ang and Piazzesi(2003)的实证模型在收益率曲线之外加上宏观经济变量,引领了宏观金融研究领域近十年来的潮流。Bekaert, Seonghoon and Moreno(2010)同时考虑收益率曲线和宏观经济结构,研究债券市场与宏观经济的交互作用。

国内学者已经意识到这方面的研究意义。王媛、管锡展和王勇(2004)、于鑫(2008)、姜再勇和李宏瑾(2013)使用线性回归模型研究了利差对宏观经济的预测能力。康书隆和王志强(2010)以及张燃、李宏瑾和崔兰清(2011)使用主成分分析考察了收益率曲线的预测能力。这些研究都表明,我国国债收益率曲线对宏观经济有预测能力。

本研究从中债国债收益率曲线中提取水平、斜率和曲率这三个因子,考察这三个因子对宏观经济景气一致指数的预测能力。作为对照,我们选择了 72 个宏观经济指标,使用主成分分析(PCA)提取前三个主成分作为宏观经济因子,做相同的预测。实证结果表明,国债曲线三因子能够很好地预测宏观经济景气一致指数,效果优于从宏观经济指标中提取的主成分因子。

后文从三个方面展开:第一,梳理并汇总了收益率曲线预测宏观经济的理论解释;第二,详细介绍了本研究的实证方法和数据来源;第三,从不同角度呈现并分析了实证研究结果。

二、收益率曲线预测宏观经济的理论解释

收益率曲线可以被分解为三项:真实收益率曲线、通胀和期限溢价。真实收益率曲线反映真实的经济活动,收益率曲线的预测能力就来源于此;而货币政策和货币体制通过影响人们对长期通胀的预期,影响收益率曲线的形状;期限溢价分为通胀风险金和其他溢价两部分,目前学术界认为前者会影响收益曲线的预测能力,主要观点如下:

1.真实收益率曲线长短期利差增大,则市场预期未来经济增长,反之衰退。基于消费资产定价模型(CCAPM),Harvey(1988)指出:当人们预期未来经济变好、会有更多产出时,就没有动力把今天的消费留到未来,也就不会购买长期债券,所以长期真实利率升高,真实利差变大;反之,当人们预期经济衰退时,就想把今天的消费留到明天,更多的人购买长期债券,长期真实利率下降,真实利差变小。

具体来说,在 CCAPM 模型中,真实利率由两股相反的力量决定:其一,是人性的不耐。这股力量作用于把消费留在今天。同样一个单位的产品,留在未来不如今天即刻消费。其二,是熨平消费的冲动。这股力量作用于把消费留在未来。如果预期未来经济变糟,人们希望把今天的消费转移到未来,以保证每一天都有稳定的消费。消费在时间上的转移可以通过债券实现。这两股力量形成的均衡决定了不同到期债券的需求,进而决定了债券的真实价格,即真实利率。

这个解释揭示了长短利差对宏观经济的预测能力来自于真实利差。而实证上,我们往往只能获得名义收益率曲线,因此有必要讨论名义变量的变化对收益率曲线预测能力的影响。

2.货币政策直接作用于短端利率,通过市场预期向长端传导。预期理论认为长期利率由一系列短期利率的均值和期限溢价的和决定。这一系列短期利率包括即期短期利率和未来时间路径上的所有远期短期利率。因此,货币当局可以通过影响即期短期利率、市场对未来短期利率的预期来实现对长期利率的影响。

从名义利差来看,当货币政策宽松时,短期利率降低,但是由于预期将来通胀会增加,所以长期利率下降程度更少,利差变大;反之,当货币政策紧缩时,短期利率上升,但是由于预期将来通胀减少,所以长期利率上升更少,利差变小。因此,名义利差的变化起到指示货币政策方向的作用,预示未来经济活动在货币政策影响下是扩张还是收缩。

3.货币体制通过通胀惯性影响收益率曲线的预测能力,通胀惯性越高,名义利差预测能力越好。Bordo and Schwartz(1999)将货币体制总结为三项的总和:一系列的货币安排、货币机构以及公众对货币机构的预期。可以粗略地把货币体制分成三类,即金本位体制、有信法币体制和无信法币体制。因为与黄金挂钩或者货币当局承诺以稳定物价为目标,长期通胀预期为0(例如未来20年的价格水平不变),前两个货币体制中通胀惯性小。最后一个货币体制中,市场不相信货币当局承诺稳定物价,通胀发生之后,市场预期通胀会持续很久,通胀惯性高。

通胀惯性很小的时候,市场相信货币当局不会滥用货币政策,而是倾向于盯住通胀,发生在短端的通胀冲击会得到及时解决。在该货币体制下,利差收窄可能由真实冲击引起,也可能由通胀冲击引起,从收益率曲线本身不能区分这两个原因,因此名义利差预测能力得不到保证。

通胀惯性高的时候,货币政策要么不透明,公众很难形成协调的预期,要么公众不相信货币当局控制通胀的决心。公众只能基于过去和现状做出判断。当通胀冲击到来时,市场认为通胀可能持续很久,长短利率同时提高,名义利差等于真实利差,名义利差可以预测真实经济活动。

4.通胀风险金通过影响长端利率来影响名义利差的预测能力。在有信的法币体制下,通胀风险金反映市场对货币当局的信心。如果市场充分信任货币当局,那么其盯住通胀的目标就更可能实现,未来通胀的不确定性比较小,相应的通胀风险金就小,从而降低长期利率。这也解释了,为什么近期美国出现长短利差大幅收窄,但是随后经济并没有发生衰退的现象。

三、数据来源和实证方法

1.数据来源

本研究提取的因子来自于 2002 年 1 月至 2017 年 3 月期间中央结算公司发布的中债国债收益率曲线和相应时间段的 72 个宏观经济指标。被预测变量是相应时间段的月度宏观经济景气一致指数。

参照 Stock and Watson(2002),我们选取了这 72 个宏观经济指标,并对这 72 个宏观经济指标做了标准化处理,即零均值和单位方差变换,以消除因尺度不同造成的影响,然后通过主成分分析提取因子。

2.实证方法

本研究的实证方法分为三步:因子提取、模型拟合和变量预测。

一是因子提取。

对于国债收益率曲线,我们通过 NS 方程提取水平、斜率和曲率这三个因子;对于 72 个宏观经济指标,我们通过主成分分析,提取主成分作为宏观经济因子。提取的因子越多，能解释的原始数据的方差就越多。对于本研究的数据，前三个主成分可以解释原始数据 70% 的方差，因此，选择前三个主成分作为宏观经济三个因子。

此外，我们还对所提取的因子做了滤波处理，比较滤波前后的预测结果。本研究采用的是 Hodich and Prescott（1980）提出的 HP 滤波，平滑参数取 100。

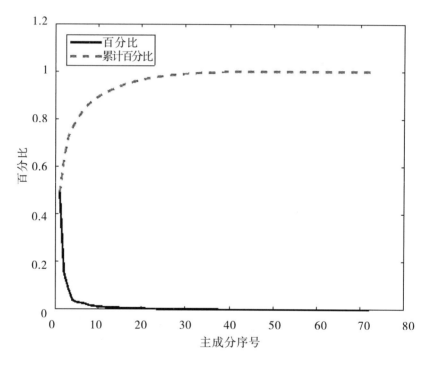

图 1　PCA72 个主成分分别解释的方差占总方差的百分比和累计百分比

二是模型拟合。

令上一步提取的因子为 $f_1(t)$，$f_2(t)$，$f_3(t)$，目标是预测 $y(t)$ 在 h 期之后的值 $y(t+h)$，自回归滞后期为 q，预测方程为：

$$y(t+h) = c + \sum_{i=1}^{3} \sum_{j=0}^{q} a_{ij} f_i(t-j) + \sum_{j=0}^{q} b_j y(t-j).$$

图 2 说明了预测的基本原理:假设我们基于 2002 年 1 月到 2014 年 12 月的数据,目标是预测 2015 年 12 月的 y。在模型拟合部分,我们基于 2002 年 1 月到 2014 年 12 月的历史数据计算预测方程的系数。对于这一段数据,$t+h$ 最远取 2014 年 12 月,由此得到方程的因变量。此时 t 为 2013 年 12 月,再根据滞后期,得到方程的自变量。这是第一组数据。然后将 t 向左移动一个月,$t+h$ 为 2014 年 11 月,t 为 2013 年 11 月,由此得到第二组数据。以此类推,根据得到的多组数据做线性回归,就得到预测方程的参数。

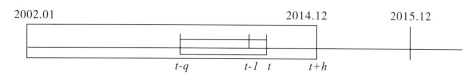

图 2 预测方法示意图

三是变量预测。

根据第二步得到的预测方程参数,即可对将来进行预测。接上例,令时点 t 为 2014 年 12 月,根据预测方程可计算出 2015 年 12 月的 y 值。

通过改变 h 的取值,重复上面的二、三步骤,我们可以得到未来 1 个月、2 个月直到 12 个月的所有预测值。这样做的好处是,未来 12 个时点的预测都基于同一套历史数据,避免误差累积放大。

四、实证研究结果

这部分我们检验中债国债收益率对宏观经济的预测能力,并与宏观经济指标的预测能力进行对比。我们分别使用国债曲线三因子、宏观经济三因子以及他们之间交叉混合对宏观经济景气一致指数进行预测。图

3 是国债曲线三因子和宏观经济三因子。

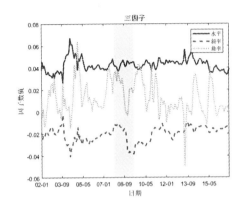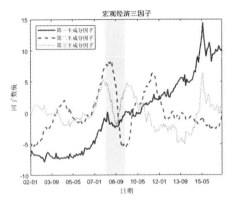

图 3　国债曲线三因子与宏观经济三因子

1.模型拟合效果

模型拟合的好坏受自回归滞后期 q 和预测提前期 h 影响。自回归滞后期表示所用历史数据的时间长度。q 取 0～5 个月时,模型的拟合度偏低。q 取值越大,拟合度越高。但是 q 取值过大的时候,样本量太少,模型不可信。实证研究表明,自回归滞后期 q 取 12～24 个月时效果最佳,即采用各自变量 1～2 年的历史数据进行预测时,效果较好。

预测提前期表示被预测变量提前预测时点的时间距离。h 取 1 个月,被预测变量与历史数据最接近,模型拟合度最高。考虑到实用性,h 取值不应太小。h 取值越大,模型的拟合度降低,这说明历史数据只能预测有限的未来宏观经济变量。实证研究表明,在自回归滞后期 q 取 12～24 个月的条件下,预测提前期 h 取 1 年以内最佳。

我们采用国债收益率曲线三因子、宏观三因子,以及这两组因子的混合分别作了拟合,发现拟合效果大体相当,表 1、表 2、表 3 展示了国债曲线三因子在不同参数下的拟合结果。可以发现,在兼顾模型可信度和拟合度的情况下，q 和 h 取值在 12 个月左右较为合适。

表 1　不同 h、q 下的 p 值

Row	q0	q6	q12	q18	q24	q30
h1	1.44E−138	1.19E−124	1.64E−98	4.07E−74	3.81E−50	5.75E−25
h6	1.37E−44	1.20E−41	9.30E−30	2.81E−26	1.39E−23	2.66E−10
h12	3.70E−43	3.97E−34	6.70E−25	2.29E−21	1.95E−13	1.30E−13
h18	5.64E−30	3.41E−16	7.83E−12	2.76E−09	6.04E−21	9.57E−09
h24	1.27E−12	2.48E−06	8.45E−08	2.14E−09	1.80E−12	1.29E−03
h36	3.13E−07	4.79E−04	3.91E−07	2.02E−07	3.06E−10	NA

表 2　不同 h、q 下的均方根误差

Row	q0	q6	q12	q18	q24	q30
h1	0.53	0.40	0.38	0.36	0.33	0.30
h6	1.77	1.47	1.49	1.26	0.89	0.90
h12	1.79	1.65	1.63	1.39	1.34	0.39
h18	2.15	2.30	2.22	2.09	0.77	0.41
h24	2.80	2.83	2.50	2.04	1.16	0.58
h36	3.06	3.06	2.54	2.13	0.96	0.00

表 3　不同 h、q 下的 R 方

Row	q0	q6	q12	q18	q24	q30
h1	0.97	0.99	0.99	0.99	1.00	1.00
h6	0.71	0.83	0.86	0.93	0.98	0.99
h12	0.71	0.79	0.84	0.92	0.95	1.00
h18	0.59	0.62	0.72	0.82	0.99	1.00
h24	0.33	0.43	0.66	0.84	0.97	1.00
h36	0.22	0.38	0.68	0.86	0.99	1.00

下面选择国债三因子、宏观经济三因子和另外两个混合因子展示拟合结果($q = 12$, $h = 12$)。其中两个混合因子组合分别是收益率曲线水平因子、宏观经济第二和第三主成分因子,以及收益率曲线水平因子、曲率因子和宏观经济第三主成分因子。前者是所有混合因子组合里表现最优的,后者表现相对较差。

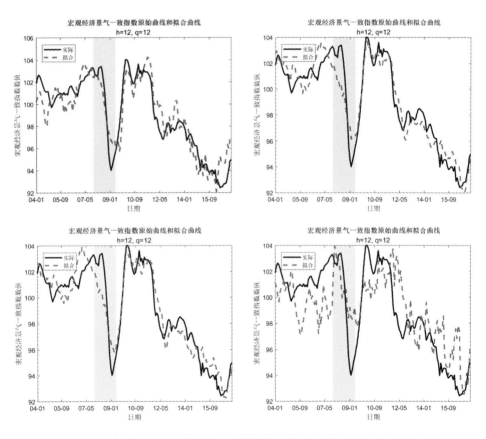

图4 四种因子组合对宏观经济景气一致指数的拟合:实际值(实线),拟合值(虚线)

2.模型预测效果

为了更全面地考察预测效果,我们分别对2009—2016年这8个年份做了预测。结果表明,整体上国债曲线三因子的预测精度最高。其中

2008 年金融危机之后的 1~2 年预测精度最差,这是所有因子组合都存在的现象,原因可能 2008 年之前数据量不足有关。值得注意的是,尤其在 2011—2015 年,国债曲线三因子的预测值紧紧咬住真实值,预测精度很高。

图 6 展示了每一年的预测误差,可以看出 2011—2015 年国债曲线三因子的误差都是最低的。

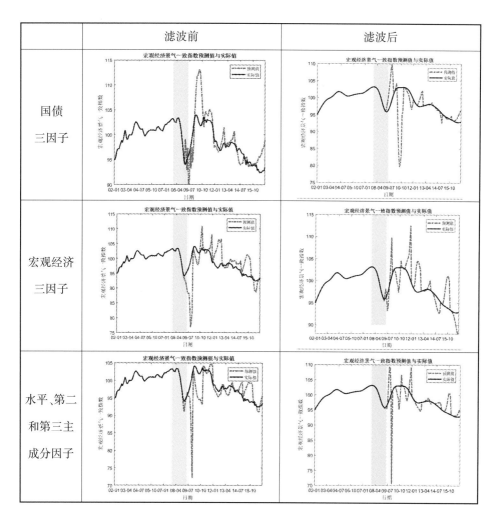

（续表）

	滤波前	滤波后
水平、曲率和第三主成分因子		

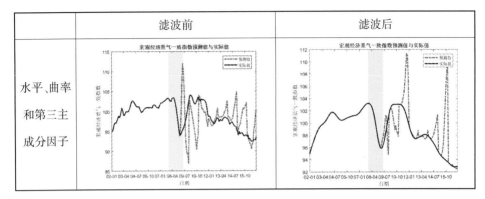

图 5　因子组合 2009—2016 年宏观经济景气一致指数预测

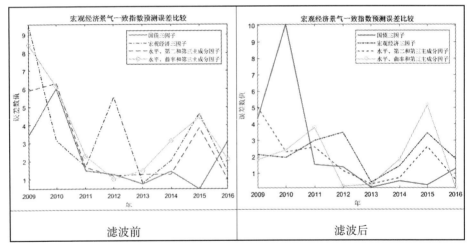

图 6　不同因子组合对 2009—2016 年宏观经济景气一致指数的预测误差

从 2016 年的结果看,国债曲线三因子组合预测结果有较大偏离。这可能与 2013 年年末的"钱荒"以及 2015 年股市快速上涨有关,并不反映投资者对未来经济的预期。

五、总结

我们通过实证研究,梳理了收益率曲线预测宏观经济的理论基础,并使用不用的因子组合对宏观经济景气一致指数做了拟合和预测。实证研究发现中债国债收益率曲线中的三因子是强有力的预测工具。在与宏观经济多因子、甚至是混合因子的比较中,中债国债曲线三因子的整体表现都是最优的,也是最稳健的。我们认为中债国债收益率曲线能够反映宏观经济的走势,结果相对可靠,中债国债收益率曲线可以为中央银行指定货币政策提供重要参考。

参考文献:

[1]Kessel, Reuben A. The Cyclical behavior of the Term Structure of Interest Rates[J]. NBER Occaisonal Paper 91, NBER, Columbia University Press, New York, (1965).

[2]Fama, E.F. Term-structure Forecasts of Interest Rates, Inflation, and Returns[J]. Journal of Monetary Economics, 1990.

[3]Harvey, C.R. The Real Term Structure and Consumption Growth[J]. Journal of Financial Economics, 1988.

[4]Estrella, A. and Hardouvelis, G.A. The Term Structure as a Predictor of Real Economic Activity[J]. The Journal of Finace, 1991.

[5]Estrella, A. and Mishkin, F.S. The Predictive Power of the Term Structure of Interest Rates in Europe and the United States: Implications for the European Central Bank[J]. European Economic Review, 1997.

[6]Cuaresma J C, Gnan E, Ritzberger-Grünwald D. The Term Structure as a Predictor of Real Activity and Inflation in the Euro Area: A Reassessment[J]. Review of World Economics, 2005, 141(2):318-342.

[7]Estrella, A. and Mishkin, F.S. Predicting U.S. Recessions:Financial Variables as Leading Indicators[J]. Review of Economics and Statistics, 1998.

[8]Ang A, Piazzesi M. A No-arbitrage Vector Autoregression of Term Structure Dynamics

with Macroeconomic and Latent Variables [J]. Journal of Monetary Economics, 2003, 50(4): 745-787.

[9] Bekaert G, Cho S, Moreno A. New Keynesian Macroeconomics and the Term Structure [J]. Journal of Money Credit & Banking, 2010, 42(1):33 - 62.

[10]王媛,管锡展,王勇.利率的期限结构与经济增长预测[J].系统工程学报,2004(19).

[11]于鑫.利率期限结构对宏观经济变化的预测性研究[J].证券市场导报,2008(10).

[12]姜再勇,李宏瑾.利率期限结构的宏观经济预测作用[J].金融评论,2013(3).

[13]康书隆,王志强.中国国债利率期限结构的风险特征及其内含信息研究[J].世界经济,2010(7).

[14]张燃,李宏瑾,崔兰清.仿射利率期限结构模型与中国宏观经济预测[J].金融与经济,2011(4).

[15]Bordo, MD, and AJ Schwartz. Monetary Policy Regimes and Economic Performance: the historical record[J]. in JB Taylor and M Woodford (eds.), Handbook of Macroeconomics, P. 152,1999.

[16] Stock J H, Watson M W. Macroeconomic Forecasting Using Diffusion Indexes[J]. Journal of Business & Economic Statistics, 2002, 20(2):147-162.

[17] Stock J H, Watson M W. Forecasting Using Principal Components From a Large Number of Predictors[J]. Journal of the American Statistical Association, 2002, 97(460):1167-1179.

[18]Hodrick R J, Prescott E C. Postwar U.S. Business Cycles: An Empirical Investigation [J]. Social Science Electronic Publishing, 2009, 29(1):1-16.

我国金融市场基准利率的选择和培育

陈 森

摘 要:金融市场的多样性决定了基准利率的多样性。本文分析认为:短期内,回购利率适宜作为货币市场的基准利率,国开债利率适宜作为债券市场的基准利率,国债和国开债利率分别适宜作为个人和企业存款的定价基准,企业债利率适宜作为银行贷款的定价基准。国债收益率是唯一具有主权信用特征且期限结构完整的利率,长远看,在多样性的基准利率中,应将国债收益率培育为货币政策调控和市场定价的主要基准利率。

关键词:基准利率 法定利率 市场利率 国债收益率

利率市场化改革的终极目标是要取消法定的存贷基准利率,培育可供市场定价参考的、由供求关系决定的市场化基准利率,基准利率培育的好坏直接关系到利率市场化改革的成败。建立基于市场的基准利率,是遵循十八届三中全会所强调的"权利平等、机会平等、规则平等"等现代市场体制的一般规则,在公平、开放、透明的原则上,加快金融市场体系机制创新的关键举措。在协调推进利率市场化、汇率形成机制和人民币资本项目开放等各项改革中，只有建立权威、有效、受到市场广泛认可的基准利率体系，才能真正减少政府管制，真正让价格反映金融资源的供求状况，实现金融体系和经济发展的良性循环。

一、基准利率的演进

一般认为，基准利率是人们公认并普遍接受的金融产品定价基准，对整个金融市场利率体系的变动趋势起先导和示范作用的利率。其主要用途在于：对金融产品未来的现金流进行贴现，对金融产品定价，比较资产价格的表现等。在利率市场化的背景下，它的基准性、权威性，可能难以通过行政方式来直接指定或者是确立，而通常是在金融市场发展自然演进的过程中逐渐形成的。长期以来，我国存贷款利率存在行政管制，金融体系以间接融资为主，这就决定了存贷款法定利率就是基准利率。随着我国利率市场化进程的不断推进，存贷款利率行政管制逐步取消，直接融资比重也不断提升，客观上要求金融市场重新寻找定价基准。在融资方式从间接融资向直接融资过渡的过程中，基准利率也逐渐由法定走向市场化。

由于金融产品的复杂性与多样性，基准利率可能也是多维的、非唯一的，各个基准利率之间也存在一定的互补和竞争关系。从国际实践看，金融市场定价参考的基准利率除了国债收益率曲线之外，还有 LIBOR、OIS等。从发展趋势上看，它们之间存在一定的竞争或替代关系。某个基准利率的权威性下降后，市场就可能选择其他基准利率来作为替代。20 世纪 80 年代，伦敦银行间美元市场的迅猛发展催生了美元 LIBOR，直至

2011 年被曝出操纵丑闻前,LIBOR 长期被作为各类金融产品定价的主要基准。丑闻曝光后,市场上又在寻找取代"失真"LIBOR 的基准利率,这时 Repo 利率、OIS、短期国债收益等等都成为替代 LIBOR 的可能选项,其中 OIS 由于其流动性高等特性,其基准功能被广泛接受。无论竞争的结果如何,市场都要求替代基准利率应该比 LIBOR 更加真实、更为可靠。此外,对 LIBOR 的监管改革也凸显了对作为金融市场的"公共品"而言,根据报价而非交易形成的基准利率,其构建和维护仅靠市场参与者的自律可能还不够,还需要引入金融监管部门的他律。从分工上看,不同基准利率之间也存在一定的互补关系。金融产品属性的多元化,决定了对基准利率需求的多元化,不同属性的金融产品定价参考的基准利率有所不同,如 LIBOR、OIS 等一般是作为货币市场或期限较短产品的基准利率,国债收益率更多是作为固定收益产品或期限较长金融产品的基准利率。

二、基准利率选择的原则

作为定价的基础,基准利率应该具备以下基本属性:

一是低风险性。金融产品的定价一般是在基准利率的基础上加信用溢价和期限溢价,因此,基准利率应该是尽可能的低风险。低风险才能尽可能降低金融市场投机带来的不确定性,保证基准利率的代表性和作为政策调控依据的准确性。

二是市场性。市场化的基准利率内生于金融市场,应该是参与主体广泛、交易活跃、能够灵敏反映金融市场资金供求状况以及未来预期的市场化利率。交易主体众多可避免市场资金供求关系因外界扰动因素而出现突发性、井喷式变动,降低买卖差价,提高市场定价效率,确保市场处于高流动性状态,真实反映货币市场资金供求水平。市场交易量越大,单个参与者的影响就越小,利率形成机制的市场性越好。

三是可传递性。基准利率兼具货币政策指示器和市场信号反馈器的特征,起到"引导资产收益率改变—影响企业和个人经济行为—使社会各层次金融资产需求和偏好向货币政策目标方向发展"的作用。基准利率不仅要与其他市场利率具有较高的相关性,也应该与货币供应量、居民消费价格指数等国民经济的关键指标具有良好的相关性。

四是稳定性和持续性。稳定性是指基准利率应具有较强的抗干扰性,不易被非正常因素影响引起大幅变动,经常大幅波动或易受到临时强扰动影响的利率很难作为金融资产定价的基础。基准利率必须能按一定的规则持续发布,保障市场始终存在参考标准,基准利率的计算规则也应保持持续稳定、公开透明、客观真实。

五是准确性和可控性。基准利率必须能成为货币当局操作货币政策的重要工具,这就要求货币当局必须能迅速获取这些基准利率的准确数据,能观察、分析和监测这些数据,并且可以通过各种间接手段控制基准利率。

六是期限完整性。金融产品利率期限的多样性要求作为基准利率的市场利率应具有完整的期限结构,期限的价格结构能基本合理地反映各期限的流动性溢价。各期限的利率水平应基本相关,长期内的走势基本一致,市场可通过分析交易工具的期限结构,判断未来市场的发展方向。除此之外,期限结构还应有一定的密度,保证基准利率为一条平滑的曲线,准确反映不同期限下的利率水平。

三、分市场的基准利率选择

（一）我国的利率体系

央行的货币政策调控措施主要是通过政策利率，影响市场基准利率，进一步向宏观经济传导。当前我国的利率体系主要包括政策利率、市场利率和利率传导关系。

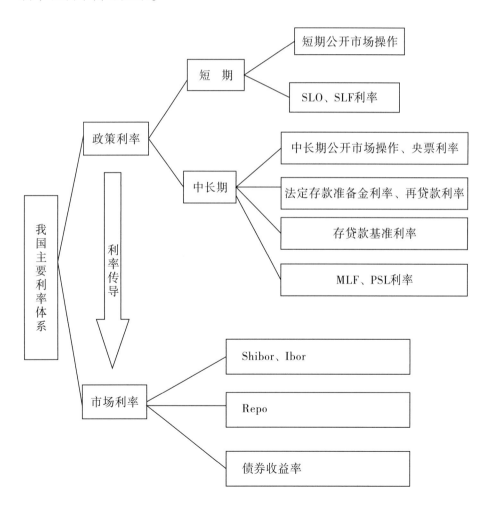

(二)政策利率不宜作为基准利率

政策利率因缺乏市场性、连续性和完整性,不宜作为基准利率。首先,政策利率作为经济调控的工具,并不由市场交易形成,不能有效反映市场的资金运行情况。其次,政策利率对金融市场的变化反应同步性较差,一般领先或滞后于市场情况,不能及时反映市场资金的供求情况。再次,政策利率缺乏灵活性,不能连续每天报价,使得市场定价不能及时获得定价参考。最后,不同的利率应该呈现出相互影响、联动的状态,并形成较为完整的期限结构,政策利率变动较为迟缓,可能降低和其他利率的关联度。政策利率的期限较疏,也不利于构建合理完整的期限结构。

(三)主要金融市场的基准利率选择

1.货币市场基准利率的选择

Repo 是当前货币市场定价基准的最优选择。一是 Shibor 被操纵的风险较高。基准利率的形成方式存在报价驱动和交易驱动两种。Shibor 属于报价驱动型利率。2011 年爆发的 LIBOR 丑闻,让人开始反思报价驱动形成的基准利率可能存在较高的道德风险,被人为操纵的可能性较高,在一定程度上限制了其作为基准利率的作用。二是 Shibor 的参与主体不够广泛。从市场参与主体上看,Shibor 的报价行只包括 18 家商业银行,但 Repo 和 Ibor 的交易主体涵盖银行、非银行机构、非法人产品等上万个多类型交易主体。三是 Repo 的市场性要优于 Ibor。从交易量方面看,2016 年货币市场交易中,13.7%为信用拆借,81.5%为质押式回购,4.7%为买断式回购。Repo 在货币市场的交易量占绝对主导地位。四是 Repo 的期限结构要优于 Ibor。从期限的宽度看,Repor 和 Ibor 都具有从隔夜到一年的期限宽度,但 Repor 的期限密度要高于 Ibor。

2.债券市场基准利率的选择

目前,国开债收益率作为债券市场的基准利率要优于国债。一是国债和国开债都是享有主权信用评级的券种,都能代表无风险利率。二是国开债和国债都具有较好的稳定性、连续性和完整性。三是国开债和其他券种有着相同的税收政策。国债的利息收入免税,国开债的利息收入不免税。国债利息收入的免税政策压低了无风险收益率。由于绝大多数金融资产都不是免税的,因此非免税的国开债收益率基准性更好。四是国开债的市场性好于国债。2016 年我国国债的换手率(现货市场的交易量除以托管量)为 1.14,低于债券市场整体换手率的 1.82 和国开债的 4.25。

3.存款市场基准利率的选择

存款市场的定价可以国开债或者国债作基准利率。当前,商业银行存款定价以央行公布的法定存款基准利率为准。利率完全市场化后,央行将不再制定法定存款基准利率,客观上需要商业银行寻找新的定价基准。国债利率和国开债利率可分别作为个人和企业存款的定价基准,因为个人或企业的银行资金可以作为存款也可以购买国债或国开债,区别在于个人存款利息和国债利息都免税,企业存款和国开债利息都需缴纳所得税。因此,国债利率作为个人存款定价的基准性较好,国开债作为企业存款定价的基准性较好。

4.贷款市场基准利率的选择

在债券市场信用风险定价比较完善的基础上,企业债收益率适宜作为贷款定价的基准利率。企业债和贷款同为企业融资的主要渠道,商业银行可将企业债收益率作为贷款定价基准,前提是企业债的信用风险定价机制较为完善。企业债的发行主体以大型国企为主,具有低信用风险属性,银行贷款的定价可在同期限企业债收益率的基础上加一定的信用溢价。企业债作为商业银行贷款基准利率还有利于打通债券市场和信贷市场定价的屏障,解决长期以来两个市场的"利率二元"①结构。

4.基准利率的培育

基准利率可以多元化,但应将国债收益率培育成主要基准利率,重视国债的金融公共产品属性,提高国债市场的流动性水平,完善国债的税收制度,增强国债收益率作为基准利率的权威性和公信力。

(一)以国债收益率作为主要基准利率

金融产品的多样性决定了基准利率的多元化,但在多元化的基准利率中,应将国债收益率培育成为主要基准利率。

从风险上看,国债收益率是唯一具有主权信用特征的利率。国债具有主权信用特征,具有被作为金融产品定价基准利率的先天优势。国开债虽参照主权信用评级,但国开行作为市场的主要参与主体,不具有培育基准利率的独立性和客观性。此外,国开行未来的改革发展方向仍存有争议,国开债的定价机制不具有良好的稳定性和连续性。

从期限上看,国债收益率具有最完整、密度最高的期限结构。利率期限结构反映的是期限和利率的关系,可以用一条期限横轴和一条收益率纵轴直观表示,它反映了同等风险的金融产品长短期利率水平之间的关系,是市场判断当前经济情况和预测未来经济走势的重要指标。一般而言,长短端利差反映市场对宏观经济走势的预测,利差扩大预示经济扩

---

① 长期以来,信贷市场以贷款基准利率定价,债券市场以国债收益率定价,两个市场存在"利率二元"的结构。

张、通胀上行;利差缩小预示经济减速,通货紧缩。这就要求主要基准利率必须具有合理完整的期限结构。从利率期限结构视角看,只有国债收益率能够构成从短期到中期到长期的完整期限结构。

（二）强化国债收益率的基准属性

党的十八届三中全会提出"要健全反映市场供求关系的国债收益率曲线"。"十三五"规划纲要也指出"要更好地发挥国债收益率曲线定价基准作用"。要将国债收益率曲线培育成为具有较强竞争力和公信力的基准利率,关键是要建立足够深度的、健康的和国际化的国债市场。

1.重视国债发行的金融公共产品功能。一是提高短期国债的发行规模。目前,由于我国货币市场利率相对偏高,且波动较大,国债发行出于降低融资成本的考虑,偏好发行中长期国债,使国债期限结构呈现出"两头疏、中间密"的特征,影响了短期和长期国债市场的收益率。2016年我国国债发行期限结构为:1年期以下的比重为31.63%,1—10年的比重为60.21%,10年期以上的比重为8.16%。和美国相比,我国短期国债的发行比重偏低较多(2016年美国短期国债发行规模比重为73%)。根据IMF对人民币加入SDR之后的要求,推动3个月国债收益率作为基准利率,我国短期国债的发行规模比重还有待进一步提高。二是国债发行保持稳定的规模和频率。不同取向的财政政策对国债收益率曲线的构建有不同的影响。一般而言,盈亏平衡的财政政策会减少国债发行,国债市场供给的减少可能会降低国债收益率;积极的财政政策会增加国债发行,市场供给的增加可能就会抬高国债收益率。因此,国债发行的规模和频率不仅要考虑财政的收支平衡,还要考虑国债收益率曲线作为金融公共产品的培育。

2.提高二级市场的流动性水平。国债收益率曲线之所以具有基准性作用，一是无信用风险，二是有最好的流动性。如果国债本身的流动性不足，就难以如实反映市场的供求关系。目前，我国国债的换手率比信用类债、国开债都低，更远低于发达国家成熟市场的换手率。下一步，应进一步发挥国债期货的作用，加强做市商的激励机制，提高国债二级市场的流动性。

3.完善国债市场的税收制度。税收制度不完善对国债收益率曲线的扭曲主要体现在：一是利息收入免税弱化了国债收益率曲线的基准作用。根据现在的税收制度，只有国债的利息收入是免税，其他品种债券的利息收入需要缴税，这就会整体压低国债收益率曲线，降低其作为其他固定收益类产品定价的参考作用。相反，国开债发行量大且不免税，反而被一些机构当作无风险收益率曲线的替代性基准。二是资本利得不免税降低了国债的流动性。国债免税也仅限于票息收入，资本利得部分并不免税，因此也促使投资人更加倾向于持有到期，而不进行交易，导致我国国债的换手率较低。三是其他债券的免税政策降低了国债的吸引力。根据财政部和国家税务总局发布的《关于证券投资基金税收问题的通知》，基金持有各类债券的利息收入免征企业所得税。从持有人的角度看，国债的免税政策和低收益率对基金没有特别的吸引力。因此，建议不断完善国债市场的税收制度安排，减少税收制度对国债收益率曲线的负面影响。

参考文献：

[1]陆婷.基准利率改革的国际进展和启示[J].国际金融，2014(4).

[2]王江渝.我国基准利率的建设和完善[J].中国金融，2013(2).

［3］许艳霞.最优基准利率选择:标准与实证分析［J］.华北金融,2016(8).

［4］刘杰.我国金融市场基准利率曲线的分段设计思路探讨［J］.债券,2017(2).

［5］张晓慧.全面提升 Shibor 货币市场基准利率定位［J］.中国金融,2011(2).

［6］方意,方明.中国货币市场基准利率的确定及其动态关系研究［J］.金融研究,2012
(7).

［7］梁琪,张孝岩.中国金融市场基准利率的培育——基于构建完整基准收益率曲线的实
证［J］.金融研究,2010(9).

对于宏观经济目标区间与国债收益率水平关系的统计分析

孙明洁　周　舟　李　栋

摘　要:本文通过国债收益率曲线向宏观经济指标的传导时间和传导效果,发现国债收益率传导到货币政策最终目标的时间为一年到一年半,并且传导效果较为显著;在此基础上,统计了国债曲线各关键期限点在理想宏观经济情况下的收益率区间,以此作为政策利率的锚定区间;基于以上结论,建议将一组关键期限国债收益率曲线作为货币政策调控的中介目标。

关键词:均衡利率　国债收益率　宏观经济目标

一、货币政策调控中介目标的转变

随着金融创新不断涌现,货币供应量作为中介目标的可控性渐趋减弱。互联网金融的快速兴起导致银行存款分流,影子银行吸引大量存款进入理财产品①,形成对信贷的隐性替代。这些金融创新不仅使央行难以准确控制基础货币,而且加大了货币创造乘数的不确定性,从整体上降低了数量型货币政策的有效性。

很多学者研究发现,货币供应量与实体经济指标之间的相关性也趋于弱化,而利率与宏观经济运行的相关性却在稳步提升。张辉和黄泽华(2011)发现,货币市场利率对部分实体经济变量有较强的解释能力,甚至优于 M2 的解释能力,并能起到引导通胀预期的作用。彭岳恒(2010)分析 2004 年至 2009 年的数据发现,1 年期存款利率与 CPI 正相关。刘惠好等(2014)认为,我国的名义利率能够反映居民的通胀预期,货币政策调控转向价格型模式具备现实操作基础,即央行可以通过有效调节短期利率来影响市场预期,进而影响长期利率水平②,最终影响企业融资成本。黄文涛(2013)研究中美两国长期国债利率和信用利差③的相关性发现,二者在大多数情况下呈现相对稳定的负相关。通过货币政策传导,央行调整短期利率以影响社会融资成本,从而影响投资等实体经济活动。

孙明洁(2014),从数据统计观察的角度发现央行货币政策调控效果会首先显现在债券市场的利率水平上,最终社会的生产、消费等行为产生影响。文中因此设定了宏观经济指标 GDP、CPI 的理想目标;将国债收益率作为央行货币政策盯住的一揽子中介目标,通过宏观经济指标和国债收益率领先滞后关系的统计观察,找到政策利率的目标区间。

作为资金密集型行业,房地产市场受货币政策影响较大,同时也与人

---

① 社科院发布的《中国金融监管报告 2013》显示,2012 年底中国影子银行的规模达到 14.6 万亿(基于官方数据)或者 20 万亿元(基于市场数据)。

② 根据利率期限结构中的预期理论,长期利率是未来短期利率的均值。

③ 10 年期 AAA 级商业信用债和同期国债收益率之差。

民生活密切相关,因此,我们认为应将房价指标也作为货币政策调控最终目标的重要考虑因素。因此,本文对孙明洁(2014)的研究进行以下深化:一是新增房价指数作为货币政策的目标,并设定房价指数的理想目标;二是根据我国当前的宏观经济目标,调整 GDP 和 CPI 的理想目标区间。

本文安排如下,首先测算了国债收益率曲线向宏观经济指标的传导时间和传导效果,观察国债收益率曲线作为锚定目标的有效性;其次,在实证有效的基础上,统计了国债曲线各关键期限点在理想宏观经济情况下的收益率区间,以此作为政策利率的锚定区间;最后,根据统计结果,分析当前我国政策利率水平过低的影响,最后给出了相应的政策建议。

二、国债收益率曲线向宏观经济的传导期和传导效果

鉴于数据的可得性,本部分对 2006 年以来的各关键期限国债收益率曲线(包括 1、3、5、7、10 年)与 GDP、CPI、房价指数①数据进行了时差相关分析,比较国债收益率曲线与 GDP、CPI 及房价指数的相关性和领先滞后关系,具体结果见表 1、图 1:

根据结果各关键期限国债收益率在领先 13 至 14 个月时与 GDP 的相关性最强,负相关系数在 0.49~0.63;在领先 16 至 17 个月时与 CPI 的相关性最强,负相关系数在 0.65 左右,在领先 12 至 14 个月时与房价指数的相关性最强,负相关系数在 0.75 左右。

也就是说,作为中介目标,国债收益率传导到货币政策最终目标的时间为一年到一年半,并且传导效果较为显著。

---

① 房价指数:取自国家统计局发布的 70 个大中城市新建住宅价格指数的当月同比数据,下同。

表1　国债收益率曲线向 GDP/CPI/房价指数的传导期及相关系数

		GDP	CPI	房价指数
一年期国债收益率	领先期（月）	13	16	12
	相关系数	−0.63	−0.66	−0.79
三年期国债收益率	领先期（月）	13	16	14
	相关系数	−0.61	−0.67	−0.82
五年期国债收益率	领先期（月）	13	16	14
	相关系数	−0.58	−0.69	−0.79
七年期国债收益率	领先期（月）	14	17	14
	相关系数	−0.57	−0.68	−0.77
十年期国债收益率	领先期（月）	14	17	14
	相关系数	−0.49	−0.63	−0.71

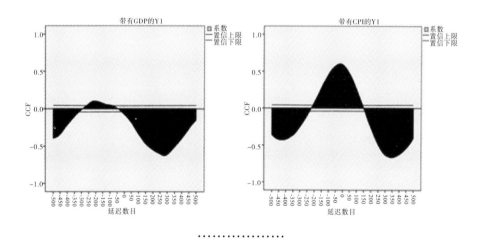

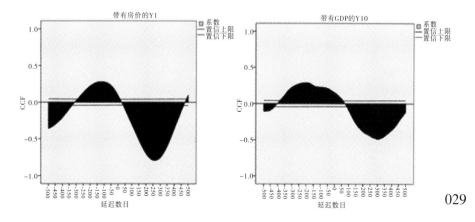

∙∙∙∙∙∙∙∙∙∙∙∙∙∙∙∙∙∙∙∙

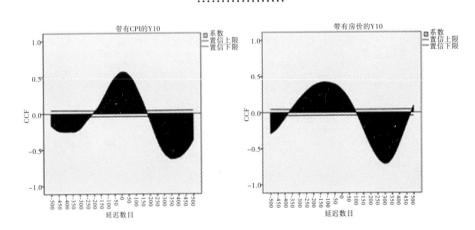

图1 国债收益率曲线各关键期限在各领先/滞后期下与 GDP/CPI/房价指数的相关系数图谱

三、政策利率目标区间

央行货币政策不仅需要盯住短端利率,也要盯住长端利率。国际方面已经有相应的操作经验。美联储曾经进行过出售剩余期限为 3 年及以下的 6670 亿美元中短期国债,同时购买相同数量的剩余期限为 6 年至 30 年中长期国债的"扭转操作"。日本央行也开始盯住长端利率,近日宣布放弃基础货币目标,取而代之引入了"控制收益率曲线"框架,在该框架下,日本央行将继续购买长期国债,从而使 10 年期国债收益率维持在当前零水平附近。

假设我们将国债收益率曲线作为央行货币政策盯住的一揽子目标之一,本部分旨在通过统计观察,找到该政策利率目标区间。

(一)设定的我国宏观经济理想目标:GDP≥6.5%,2%≤CPI≤3%,房价指数同比增长≤5%

(二)统计样本:中债国债收益率曲线关键期限点收益率(包括 1、3、

5、7、10 年)

（三）统计时间：2006 年 3 月至 2016 年 6 月

（四）统计假设：

本部分采用的统计方法基于如下假设：

假设 1：统计区间里，我国经济结构没有发生显著改变；

假设 2：统计区间里，我国债券市场投资者结构没有发生显著改变；

假设 3：统计区间里，我国的国债收益率曲线是合意的。

（五）统计过程及结果：根据上文测算得出的国债收益率曲线向 GDP/CPI/房价指数的传导时间（表 1），统计历史上达到上述宏观经济理想目标时，所对应的传导时间轴起始端上的各关键期限国债收益率的平均水平、离散程度及置信区间。

表 2　考虑传导期后的宏观经济理想状态下的
国债各关键期限的收益率水平

	均值（%）	最小值（%）	最大值（%）	标准差	置信区间下限（%）	置信区间上限（%）
1 年期收益率	3.1006	2.5270	3.9401	0.3479	3.0669	3.1343
3 年期收益率	3.3517	2.8561	3.9862	0.2650	3.3247	3.3787
5 年期收益率	3.5186	3.0230	4.0390	0.2488	3.4933	3.5440
7 年期收益率	3.6828	3.2787	4.2173	0.2161	3.6589	3.7067
10 年期收益率	3.7813	3.3758	4.2937	0.2193	3.7570	3.8055

注：置信区间为 95%。

根据上表显示的统计结果，认为为达到宏观经济的理想目标，央行在利率调控方面可以锚定的区间分别为：1 年期利率在 3.07~3.13；3 年期利率在 3.32~3.38；5 年期利率在 3.49~3.54；7 年期利率在 3.66~3.71；10 年期利率在 3.76~3.81。

将 2014 年 7 月至 2016 年 9 月底的国债收益率数据与本文测算出的锚定目标区间比较,自 2015 年下半年至今国债收益率普遍位于锚定区间下方。

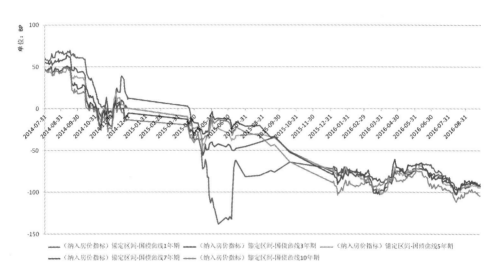

图 2　2014 年 7 月至今的各关键期限国债收益率曲线与锚定区间的差值(单位:BP)

四、利率水平过低带来的影响分析

房价水平偏高。从现实情况来看,利率水平维持在低位,高收益资产减少,从资产配置角度来说,商业银行必然会选择布局相对优质的安全资产,持续增加对于按揭贷款的偏好。商业银行对于房地产需求端的支持,会导致房地产行业的高杠杆,房价居高不下。

金融系统杠杆风险。央行控制短端利率处于过低水平且窄幅波动,导致商业银行倾向于"借短用长"。"期限错配"导致金融系统存在资金链断裂的风险,系统性风险增大。同时,这可能会在一定程度上绑架央行的货币政策,使得央行更需要保持短端利率低水平稳定。

中小企业融资愈发困难。相对国有大型企业,中小企业资信能力差、抗风险能力弱,商业银行要给中小企业贷款需要承担较大的风险,与高风险对应的就是相对较高的利率。然而目前我国商业银行给企业贷款的利率水平被限定在一个较低的水平,这种情况下,银行没有意愿给中小企业放贷。因此,利率水平过低会导致中小企业融资难。

从理论层面来看,利率也不是越低越能促进经济的发展。"泰勒规则"根据通货膨胀率和失业率两个指标进行利率确定,按照"泰勒规则",如果央行将利率设定在较低水平,那么将会导致通货膨胀率和失业率偏离均衡水平。国内也有学者对合意利率水平进行研究,张健华等人(2012)研究发现,存在一个可以实现潜在产出和稳定通胀的均衡利率,如果实际利率水平低于均衡利率水平,那就很难实现潜在产出和稳定的通货膨胀。徐刚(2015)认为当实际利率低于均衡利率时,一些不合理的投资项目可能随之出现,会对经济健康发展产生危险。

五、政策建议

1.建议将一组关键期限国债收益率曲线作为货币政策调控的中介目标。马骏(2016)研究发现我国的短期利率通过债券市场向中长期收益率的传导效率约为其他大国的70%。为了实现我国的宏观经济目标,我们建议央行不仅要盯住短端利率,也要盯住长端利率。

2.增发国债。充足的国债发行量是实现货币政策操作有效性的重要前提,而我国中央政府负债率水平较低,与发达国家比较尚有70%左右的差距。因此,我们需要增加国债各关键期限的发行量,同时也要提高国债二级市场流动性。通过增加国债在公开市场操作上的吞吐量和提高流动性,央行可以更有效地利用国债作为公开市场操作的工具来实现货币政策的目标。

3.建议将增发的国债用于提高社会福利,促进社会公平。随着我国经济水平逐渐提高,并逐渐进入老龄化社会,应利用增发国债的资金加大社会保障、医疗方面的投入,促进社会福利水平以及社会公平的提高。由于我国农村人口众多,城乡收入差距较大,只有政策多向农村倾斜,才能更好提高社会福利,实现社会公平。我们建议加大农村人口养老保障投入,增加老龄农民养老金。建议在增加医疗财政支出的基础上,向农村倾斜,增加农村医疗资源,建立乡镇医院,购买高端医疗设备,解决农村看病难的问题。

参考文献：

[1]马骏,纪敏,等. 新货币政策框架下的利率传导机制[M]. 北京:中国金融出版社, 2016.

[2]马骏,洪浩,贾彦东,张施杭胤,李宏瑾,安国俊. 收益率曲线在货币政策传导中的作用[R]. 中国人民银行工作论文, 2016.

[3]彭岳恒.中国利率与物价指数关系的理论和实证分析[J].大众商务,2010(7).

[4]张健华,等.我国均衡利率的估算研究[R],中国人民银行金融研究重点课题获奖报告,2012.

[5]孙明洁.对于宏观经济目标区间与国债收益率水平关系的初步统计观察[J].债券,2014(6).

[6]牛慕鸿,张黎娜,张翔,宋雪涛,马骏.利率走廊、利率稳定性和调控成本[R]. 中国人民银行工作论文, 2015.

[7]杜金岷,郭红兵.我国货币政策对基准收益率曲线影响的实证研究[J].理论月刊,2008(9):5-11.

[8]惠恩才.国债收益率曲线与宏观经济相关性的实证研究[J].经济社会体制比较,2007(6):52-56.

加强国债在货币政策调控中应用的相关研究

宋　旸　马致远

摘　要:国债是发达国家央行货币政策主要操作工具之一,为货币政策的顺利实施发挥了重大作用。在金融危机后,发达国家的央行普遍加大了国债的应用。多年来,我国货币政策实际操作中国债应用较少,为更好地实施货币政策、维护金融稳定、推动经济增长,下一步,应借鉴发达国家经验,加强国债在货币政策中的运用。

关键字:国债　货币政策　宏观调控

一、国债在各国货币政策中应用实例

由于国债主权信用的支持和良好的流动性,其在各国央行的货币政策操作中扮演着举足轻重的地位。

首先,国债是公开市场操作中的主要回购质押品。在主要的发达国家或新兴经济体中,公开市场操作是各国央行政策工具中使用频率最高的货币政策工具,而国债都是其向市场购买有价证券的首选标的。例如,美联储进行单一证券公开市场操作、定期证券信贷便利、债券信贷业务等货币政策操作时明确要求交易对手提供国债作为担保品。欧洲央行执行主要再融资操作、长期再融资操作时也将国债作为主要的担保品。英格兰银行进行常设借贷便利指定交易对手向其提供高质量、高流动性的抵押品,从实际操作经验来看,这一般也是指国债。可见,在货币当局进行回购或逆回购操作时,国债往往都是抵押品或担保品的首选。

其次,国债现券作为货币操作工具。理论上说,国债发行的规模和结构明显影响着货币供应量和央行的公开市场业务,可通过传导渠道实现货币政策目标,所以在欧美发达经济体中,国债也是常态情形下央行公开市场操作的工具。以美联储为例,在2008年金融危机之前,美国国债为美联储最主要的资产,而且每年国债交易增量稳定在百亿美元水平。从交易方式角度来看,绝大部分国债交易是以现券交割,回购更多为临时性交易(见图1)。

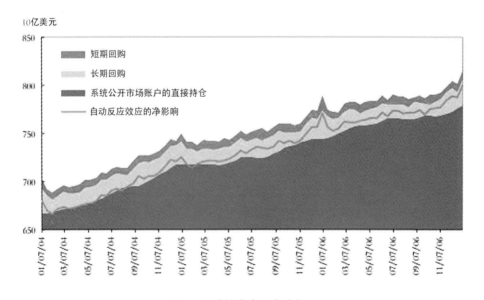

图1 美联储资产组合分析

金融危机后,由于大规模资产购买计划的实施,其他类型债券夹杂其中,国债现券交易在日常货币政策中的操作量降低。从美联储数据看,国债现券交易每季度规模为 10 亿美元左右,占公开市场操作总量 0.01%~0.1%。随着危机解除,联邦机构债和资产支持证券会被逐步清偿,届时,国债占比仍会回归正常水平。

再次,国债是应对危机的主要工具。2008 年次贷危机爆发,在此之后,由于大部分国家经济增长显著放缓,而各国央行调低利率的效果也不甚明显。各种创新性的货币政策工具应运而生,其中,国债的作用更加突出。

美联储为了刺激经济复苏,向市场注入流动性,实施了一系列非常规的货币政策工具,最为市场关注的即是量化宽松(QE)政策。QE 政策的实质就是央行通过购买国债的方式向市场投放流动性。在实施初期取得了比较积极的效果,但对美联储资产负债表的资产规模与资产结构都造成了巨大冲击,在第二轮 QE 政策实施之后,美联储推出了国债扭曲操作的货币政策,即在买入长期国债的同时卖出等值短期国债,压低长期利率。扭曲操作政策虽然不会导致美联储资产负债表扩大,减少刺激通胀升温,但该举措可能导致短期利率上扬,而长期利率已经处于低位,进一步下跌的空间也可能有限。于是美联储于 2012 年 12 月终止了"扭曲操作",以第三轮更加积极的量化宽松政策代替,用于购买长期国债和抵押贷款证券。QE3 之后,银行间流动性极端充裕,美联储较多使用逆回购协议,尤其是隔夜逆回购(Overnight RRP,ON RRP),逆回购资产也主要是国债。2014 年 9 月 17 日,美联储发布《货币政策正常化的原则和计划》(*Policy Normalization Principles and Plans*),其中明确提到货币政策正常化需要分两步走,第一步是加息,第二步则是收缩资产负债表,而缩表的方式主要有两种:(1)直接抛售国债和 MBS;(2)停止到期债券的再投资。这些措施都可表明国债在美联储创新货币政策中起到的至关重要的作用。

除美国外,欧洲央行、英格兰银行、日本银行等都在危机后效仿美联储实施了宽松政策,方法也都是通过向非金融部门购买国债将货币进行定向注入。日本还推出了收益率控制操作（QQE with Yield Curve Control）,日本央行于 2016 年 11 月、2017 年 2 月和 2017 年 7 月实施了三次以固定利率从市场购买无限量 10 年期国债的操作,以实现将 10 年期国债收益率稳定在零上下,即压低长端利率的操作目标,进而促进经济增长。

而我国,1996 年中国人民银行开始进行公开市场操作时,就选择了短期国债作为标的物,后在出口导向性经济发展模式下,受国债管理体制和汇率与利率市场化进程约束,其基础货币投放主渠道转向外汇占款和央行票据。但目前,随着利率市场化的深化,我国货币政策框架正在从以数量型为主向以价格型为主逐步转型,同时我国债券市场也在不断成熟,国债在货币政策中的作用将会不断深化。

二、各国货币政策发展特征

近几年,主要经济体的货币政策发展特征是先以宽松为主,以应对各种风险,而后根据自身经济恢复境况,货币政策分化。

为应对 2008 年金融危机的爆发,在常规货币政策失效后,美联储创设了非常规的货币政策工具——量化宽松 QE,从传统的以短期名义利率为核心转变为以央行资产负债表调整为核心,通过降低政策利率增加商业银行流动性。此后,其他央行也纷纷采取宽松的货币政策以应对金融危机对本国经济的影响。

在2008年金融危机之后,欧元区多个国家又出现了主权债务危机,在欧债危机期间,欧洲央行提出两个三年期的长期再融资计划(Long-Term Refinancing Operation, LTRO),也被称为欧洲版的量化宽松,其通过将政策性利率目标设定为负,来加强欧元区的流动性。

英格兰银行为应对脱欧带来的经济风险,在原有宽松政策的基础上,于2016年8月议息会议后推出了一揽子货币宽松政策,包括为期18个月的1000亿定期融资计划(TFS),并进一步降息。

日本在2008年金融危机后推出了质化量化宽松(QQE)政策,并且经过三次市场购买国债操作,压低长期利率,释放流动性。

随着时间的推移,金融危机的负面影响日益消化,各国货币政策逐渐出现分化。美联储在2014年宣布将逐步推进货币政策正常化,同时终止QE政策,并已于2015年、2016年、2017年进行了三次加息,市场预计其将于2017年底开始缩表,这一系列操作都表明美国的货币政策已经告别宽松。2017年6月15日,英格兰银行召开利率决策会议,虽然宣布维持原利率不变,但支持加息的委员增加,并且英格兰银行金融政策委员会讨论终止定期融资计划,体现了停止宽松货币政策的意图。虽然欧央行行长多次公开表达过紧缩意图,但欧洲央行的政策性利率依然保持为负,且实际上其2017年货币政策也一直保持偏宽松状态。日本央行则一直坚持实施负利率和QQE政策,没有收紧货币政策的意图。

可见,发达国家近几年的货币政策出现了分化。美国较早地告别了零利率和量化宽松政策,英国则有要退出刺激性政策的意图,但还没有正式实施,欧洲和日本仍坚持继续实施宽松的货币政策。

三、我国加强国债在货币政策操作应用的意义

国债市场作为债券市场的核心市场,既是财政政策和货币政策进行宏观调控的重要场所,也是财政政策和货币政策的关键纽带。从财政政策的角度看,国债是政府融资的主要手段,政府可以通过国债的发行筹措资金、调节政府收支,实现财政政策的意图;从货币政策的角度看,国债又具有金融属性,央行可通过在国债市场买卖国债,调节货币供应量和国债收益率,从而影响社会融资成本,对实体经济发展带来影响。

国债的发行、流通状况和偿还政策都会对货币政策的实施产生影响。发行国债影响金融市场上的货币供应水平及利率水平,而这也是货币政策的操作所要实现的主要目的。国债的流通状况也直接影响着央行的公开市场操作的开展,如果国债的二级市场不畅,央行就可能无法进行公开市场操作,可能限制了货币政策职能的发挥。此外,到期国债的偿还政策也会影响资本市场资金供求及利率状况。由此可见,在货币政策调控中,加强国债的运用、促进国债市场的发展都对于政策的实行和生效有着重要意义。

首先,从国际上看,公开市场买卖国债是央行进行货币政策操作的重要操作工具,是其贯彻实施货币政策的主要渠道和场所。在主要发达国家中,公开市场操作成为当前调节市场流动性、管理货币政策预期及调控市场利率最主要的操作工具。我们看到,货币政策的效率和效果依赖于一个规模庞大、有深度、富于弹性的国债市场。此外,国债收益率曲线及利率期限结构的形态反映了市场对宏观经济形势的预期,也可为货币政策的实施提供预测信息,供政策制定者和市场参与者参考,提高货币政策意图的传导有效性。同时国债收益率由于其接近无风险利率,通常作为其他金融市场的定价基准,影响其他市场的利率水平。因此,央行通过公开市场操作而在国债市场上显示出的政策意图,将全面影响金融市场的运行,并影响市场参与者的行为方式,最终传导到实体经济,实现货币政策的有效调控。

其次,加强国债应用有助于利率市场化的推进。国债二级市场及其收益率的形成和完善、国债一级市场的竞争招标机制、国债期货交易的重新开展等举措,是我国利率市场化改革的重要内容,加快了改革的进程。同时,我国利率市场化改革需要依靠国债市场上基准利率的形成。在利率市场化继续深入发展的进程中,必须进一步推进基准利率的构建和利率传导机制的疏通,应构建市场化的利率体系,特别是形成合理的基准利率,使得央行可以通过基准利率影响货币市场其他利率,市场主体可以通过基准利率进行其他利率和金融产品的定价。一般理论认为,短期国债收益率的形成机制和形成的利率信号在货币政策实施中占据着十分重要的地位,因为国债市场跨越资本和货币两大市场,是传导货币政策和财政政策的重要纽带。因此一旦国债基准利率形成,将会出现明显的利率市场化的传递效应,银行间市场的利率市场化机制将更加完善,其他货币市场、资本市场利率也应当在国债利率的基础上变动,逐步步入市场化正轨。

四、相关政策建议

为了使国债能够更好地发挥在货币政策调控中的作用,必须构建一个规模大、流动性强的国债市场,并且充分发挥国债市场链接货币政策和财政政策的纽带作用。就目前而言,完善我国国债市场,可以从如下方面入手:

一是扩大国债市场规模。在金融市场以及国民经济总量当中,国债总量达到相符合的比重时,各大商业银行、央行及其他金融机构,在国债资产持有方面才足够充裕,央行才可能回购、买卖不同交易量的国债,进而实现吞吐基础货币量。如果国债市场规模过小,央行对货币供应量的调控就更难以使得利率的变化达到其希望的水平,从而难以实现其间接调控的目的。相对于金融市场整体规模及信用规模,也就发达国家的发展情况而言,我国国债市场规模仍然不足。因此,国债市场规模的扩大有助于完善中央银行的货币政策操作,提高货币政策的弹性。

二是提高国债市场流动性。首先可以充分发挥做市商对于流动性的作用。国债做市商制度具有活跃市场、稳定市场的功能,是国债市场运行和发展的重要基础之一,成熟的做市商制度是发达国家国债市场流动性高的制度原因。一般情况下,做市商通过买卖差价获得盈利,但在国内国债市场流动性不足的情况下,很多时候做市商难以及时拿券或卖券,进而出现头寸风险。因此,应充分发挥国债承销机构和公开市场操作的做市商作用,通过市场机制来激励做市商的做市积极性,如给予做市商在国债承销、融资融券等方面优惠政策,给予做市商优先认购权等,同时要强化对做市商业务的管理,在扩大做市商规模的同时,注意优化做市商的结构。其次,应进一步改进投资者结构,培育投资者投资国债的积极性,适当提高企业、其他金融机构、个人投资者和境外投资者投资国债的比重。提高国债发行频率,健全国债续发行机制,形成连续价格。能够让国债形成一个较为稳定的余额,让国债收益率曲线充分反映资金价格信息。最后,应该建立合理完善的机制,逐渐健全国债衍生品交易,加大国债市场上的产品创新力度,丰富交易品种,促进国债市场交易的活跃和价格发现功能的发挥。

三是进一步完善国债利率期限结构。国债期限结构合理与否不仅关系到国债的偿还期限是否合理,还关系到中央银行公开市场操作工具的有效性。从理论上而言,国债期限结构一般分为短期、中期、长期等形式,这样方可规避偿债高峰期,进而将国债规模扩大,为货币供应调节的政策提供有利抉择,同时也可均匀央行公开市场操作,为其提供强有力的物质支撑。目前我国的国债期限结构已经有了很大改进,特别是 1 年期以下短期国债的发行量有所提高,但仍存在完善的空间。针对我国国债期限结构不均匀的现状,既要继续完善 1 年期以内的短期国债滚动发行机制,还要适当增加十年以上长期国债的发行,使一级市场国债发行形成更加持续的发行利率曲线,也使一级市场国债招标价格更好地发挥对国债定价与估值的参考作用,以合理的国债结构为货币政策操作工具的选择和基准利率的形成提供条件。

参考文献:

[1]邓晓兰, 黄玉, 黄显林. 论国债政策与货币政策的协调配合[J]. 当代经济科学, 2010, 32(3):11-16.

[2]林艳丽.我国国债金融功能的理论思考——从财政政策与货币政策协调配合角度分析[D].东北师范大学，2005.

[3]彭连清，米运生.国债的货币政策效应分析[J].金融经济:理论版，2007(4X):67-68.

[4]王旭祥，汪圣明.国债市场发展与财政货币政策的协调配合[J].浙江金融，2010(4):12-13.

[5]熊鹏，王飞.我国国债市场对货币政策有效性的影响分析[J].上海金融，2006(6):35-37.

[6]徐林萍，孔一峰.论国债政策的中介效应[J].市场周刊:研究版，2005(6):125-126.

[7]张辉.国债市场的货币政策效应分析[D].山西财经大学，2006.

[8]左毓秀.完善国债市场功能与货币政策操作[J].中央财经大学学报，2000(6):25-29.

3个月期国债收益率曲线对货币政策的传导作用初探

周　舟　王超群

摘　要:本文运用结构向量自回归模型方法,从可控性和传导性的角度研究了短期市场利率对货币政策的响应和短期市场利率向长期利率的传导效果。基于以上研究,本文认为3个月期国债收益率能够有效传导货币政策,基本满足货币政策利率类中介目标的条件。

关键词:3个月期国债收益率　货币政策传导

伴随利率市场化的深入,我国货币政策框架正在从以数量型为主向以价格型为主逐步转型,未来将形成以政策利率为基础的新货币政策框架。货币政策利率信号能否有效传导到长端收益率并且最终传导到实体经济,将影响新货币政策框架的有效性。

国外已经有大量关于货币政策传导效果的定量分析,而在国内,对货币政策传导机制的研究还较为初步,其中对货币政策通过债券市场传导效果的研究就更为少见,基本都在定性分析的层面。事实上,随着我国货币政策从数量型逐渐向价格型转变,以及我国债券市场的逐渐成熟,债券市场对货币政策的传导作用也受到更多的关注。马骏等撰写的 2016 年中国人民银行 1 号工作论文《收益率曲线在货币政策传导中的作用》是近年来较为全面采用数量分析手段进行的研究。该研究采用多种计量方法,对我国短期利率通过债券收益率曲线传导的效果进行了实证,结果表明,我国货币政策(法定存款准备金率、基准存贷款利率、公开市场操作)的变化可以导致整条国债收益率曲线的移动;研究认为,我国货币政策通过债券市场进行传导的机制已经初步形成。

货币政策传导的理论认为,货币政策传导通过调整政策利率进行,首先影响短期利率,最终影响长期利率以达到调控实体经济的目的。而马骏等(2016)的研究对象是货币政策对 1 至 10 年期国债收益率曲线的影响,并未对 1 年期以下国债收益率曲线的响应进行研究。因此,有必要进一步对 1 年期以下国债收益率的货币政策传导作用进行分析研究。

自 2015 年 11 月起,财政部按周滚动发行 3 个月期国债,IMF 将中央结算公司(CCDC)发布的 3 个月期国债收益率纳入 SDR 利率篮子,3 个月期国债收益率的市场基础日益坚实,其市场代表性也得到了国际机构的认可。因此,本文参考马骏等(2016)的研究思路和研究方法,对短期市场利率,尤其是 3 个月期国债收益率的货币政策传导作用进行研究。

研究方法和数据预处理

为了衡量货币政策利率对短期利率和中长期利率的动态影响,本文采用结构向量自回归(SVAR)模型进行估计和识别,并建立脉冲响应函数观察动态影响的效率。

简化式 SVAR 模型构建如下：

$$X_t = C + \sum_{i=1}^{p} A_i X_{t-i} + \varepsilon_t$$

其中：X_t 为 $n \times 1$ 变量向量，A_i 为 $n \times n$ 系数矩阵，ε_t 为 $n \times 1$ 的扰动向量，n 为模型包含的变量个数。

本文选取央行公开市场操作利率作为政策利率，选择隔夜回购利率、7 天回购利率、3 个月期中债国债收益率和 3 个月期 SHIBOR 利率作为短期市场利率的代表，选择 5 年期中债国债收益率、10 年期中债国债收益率、5 年期中债企业债收益率（AAA）、贷款基础利率（LPR）作为中长期市场利率的代表。样本范围为 2008—2015 年。数据频率根据具体研究内容分别采用周度数据、日度数据或月度数据。

首先，对拟纳入模型的变量进行数据预处理。由于 SVAR 模型要求对平稳序列进行建模，本文对政策利率以及各个市场利率进行单位根检验。隔夜回购利率以及 7 天回购利率均通过单位根检验，序列平稳；3 个月期 SHIBOR 利率，3 个月期、5 年期、10 年期国债收益率，5 年期企业债收益率，LPR 利率均存在一个单位根，序列不平稳。对不平稳的序列，本文采用 HP 滤波提取其波动项，各提取的波动项均通过单位根检验，序列平稳。

其次，设定 SVAR 模型的识别条件，即对矩阵 A_i 的系数进行限定。参考马骏等（2016）的设定识别条件的方法，本文对 SVAR 的识别条件是：(1) 货币政策利率影响市场利率，市场利率不影响货币政策利率；(2) 短期利率影响长期利率，长期利率不影响短期利率；(3) 短期市场利率之间互相影响，长期市场利率之间互相影响。下文在各个模型的构建中会进行具体说明。

短期市场利率对货币政策传导的效果

本部分主要观察央行公开市场操作利率对短期市场利率的影响程度。市场利率包括隔夜回购利率、7 天回购利率、3 个月期 SHIBOR 利率、3 个月期国债收益率。数据采用周度数据,并按照前述方法进行数据预处理,预处理后的数据均为平稳序列。

本文首先对公开市场操作利率、隔夜回购利率、7 天回购利率、3 个月期国债收益率、3 个月期 SHIBOR 利率建立 VAR 模型,并根据 AIR 原则检验滞后期的长度。检验结果显示滞后期为三期,因此建立 SVAR(3)模型。模型的识别条件为:公开市场操作利率影响各市场利率,而各市场利率不影响公开市场操作利率;隔夜回购利率、7 天回购利率影响 3 个月期国债收益率或 3 个月期 SHIBOR 利率,3 个月期国债收益率、3 个月期 SHIBOR 利率不影响隔夜回购利率或 7 天回购利率;隔夜回购利率和 7 天回购利率互相影响,3 个月期国债收益率和 3 个月期 SHIBOR 利率互相影响。

根据以上设定本文对 SVAR(3)模型进行了识别和估计,并且建立脉冲响应函数,得到各个市场利率对公开市场利率的响应程度(如图 1)。

实证结果表明,7 天回购利率对公开市场操作利率变动的响应幅度最大且反应最快,隔夜回购利率次之;3 个月期国债收益率反应较快,但幅度比回购利率小;3 个月期 SHIBOR 利率的反应幅度相对最小,反应速度最慢。具体来看,7 天回购和隔夜回购利率对公开市场操作利率的响应第一周就非常明显,在第二周达到最大。3 个月期国债收益率在第一周就开始有响应,但是幅度比回购利率小。3 个月期 SHIBOR 利率在第一周几乎没有响应,在第二周开始有较小幅度的响应。

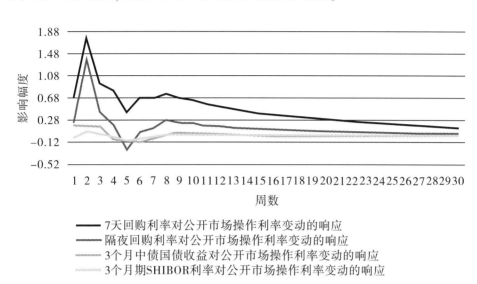

图1　市场利率对公开市场操作变动的脉冲响应图

注:样本范围均为2008—2012年周度数据,样本范围内包括107次91天公开市场正回购。

数据来源:中国人民银行网站、中国债券信息网、中国货币网、全国银行间同业拆借中心

根据上述实证结果可以推断,货币政策利率改变后,首先影响最短期的货币市场利率,包括隔夜和7天回购利率,再传导到收益率曲线较为远端的3个月期收益率。因此,本文又进一步实证观察了3个月期国债收益率和3个月期SHIBOR利率对短期货币市场利率的响应程度。鉴于7天回购利率对央行货币政策反应更加灵敏,此部分仅利用7天回购利率和两个3个月期利率建立SVAR(1)模型。数据采用日度数据。

实证结果显示,相比3个月期SHIBOR利率,3个月期国债收益率的反应更加灵敏,反应程度更大(如图2)。3个月期国债在第一天反应最大,在第二天反应达到最大,此后逐渐衰减,3个月期SHIBOR利率的反应

一直比较小。

以上结论证明,货币政策能够顺畅传导到短期货币市场利率,且短期货币市场利率的反应最灵敏;其次传导到 3 个月期国债收益率;再之后是 3 个月期 SHIBOR 利率。

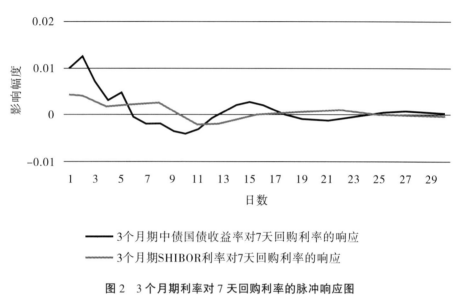

图 2　3 个月期利率对 7 天回购利率的脉冲响应图

注:数据样本范围为 2009—2015 年日度数据。

数据来源:中国债券信息网、全国银行间同业拆借中心

短期市场利率向长端利率的传导

基于以上研究,本部分研究 3 个月期收益率向收益率曲线更远端的传导效果。一是观察 3 个月期国债收益率和 3 个月期 SHIBOR 利率向 5 年期、10 年期国债收益率的传导效果;二是观察 3 个月期国债收益率和 3 个月期 SHIBOR 利率向实体经济收益率曲线的传导效果。

首先,本部分采用 3 个月期国债收益率、3 个月期 SHIBOR 利率与 5

年期国债收益率、10年期国债收益率来检验3个月期利率向长端国债收益率的传导效果。

参照前述方法,本文将3个月期国债收益率和3个月期SHIBOR利率分别与5年期国债收益率和10年期国债收益率建立SVAR(2)模型,并都建立脉冲响应函数。实证结果如图3。

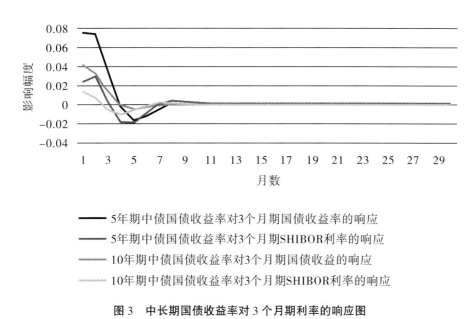

图3　中长期国债收益率对3个月期利率的响应图

其次,本部分采用3个月期国债收益率、3个月期SHIBOR利率与5年期企业债收益率、贷款基础利率来检验3个月期利率向实体经济收益率曲线的传导效果。类似的,将3个月期国债收益率和3个月期SHIBOR利率分别与5年期企业债收益率、贷款基础利率建立SVAR(2)模型,实证结果如图4。

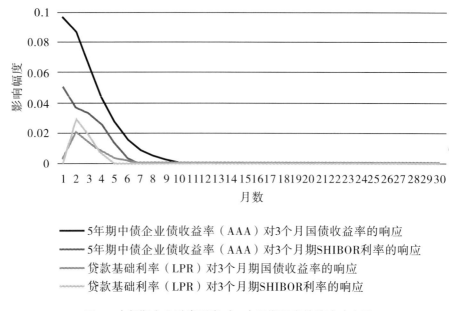

5年期中债企业债收益率（AAA）对3个月国债收益率的响应

5年期中债企业债收益率（AAA）对3个月期SHIBOR利率的响应

贷款基础利率（LPR）对3个月期国债收益率的响应

贷款基础利率（LPR）对3个月期SHIBOR利率的响应

图4　中长期企业融资利率对3个月期利率的脉冲响应图

注:贷款基础利率样本范围为 2013 年 11 月—2015 年 12 月,其余数据样本范围为 2009—2015 年,数据频率为月度数据。

数据来源:中国债券信息网、全国银行间同业拆借中心

研究表明:3 个月期国债收益率能向中长端国债收益率传导,并且效率优于 3 个月期 SHIBOR 利率;3 个月期国债收益率和 3 个月期 SHIBOR 利率向 5 年期企业债收益率的传导顺畅,其中 3 个月期国债收益率的传导效果优于 3 个月期 SHIBOR 利率;贷款基准利率对 3 个月期国债收益率或 3 个月期 SHIBOR 利率的响应均较慢,且幅度较小。

结　论

总结来看,本文通过建立结构向量自回归模型和脉冲响应函数,从可控性和传导性的角度研究观察了 3 个月期国债收益率对货币政策的传导

效果。研究认为,3 个月期国债收益率能够有效传导货币政策,并且传导效果好于 3 个月期 SHIBOR 利率(参见表 1),基本满足货币政策利率类中介目标的条件。建议将 3 个月期国债收益率纳入货币政策框架盯住的一揽子目标中。

表 1 各市场利率对货币政策的传导效果总结

	检验方法	结论
可控性	市场利率对央行公开市场操作利率的响应	响应幅度:7 天回购利率>隔夜回购利率>3 个月期国债收益率>3 个月期 SHIBOR 利率
	3 个月期市场利率对短期货币市场利率的响应	响应幅度:3 个月期国债收益率 > 3 个月期 SHIBOR 利率
传导性	3 个月期市场利率向长端国债收益率的传导	传导效果:3 个月期国债收益率 > 3 个月期 SHIBOR 利率
	3 个月期市场利率向长端企业债收益率的传导	传导效果:3 个月期国债收益率 > 3 个月期 SHIBOR 利率
	3 个月期市场利率向贷款基础利率(LPR)的传导	传导不明显

资料来源:根据公开资料整理

参考文献:

[1]马骏,洪浩,贾彦东,张施杭胤,李宏瑾,安国俊. 收益率曲线在货币政策传导中的作用[R]. 中国人民银行工作论文, 2016.

供给侧改革、创新驱动与债券市场创新

蒲余路

摘　要: 转型经济下,供给侧改革是构筑经济新动力的重要举措,而这其中创新驱动是关键。经济的创新发展离不开企业层面的研发活动,合适的融资渠道则是保障企业研发支出的基础。本文梳理了不同的外源融资对企业创新的影响,通过实证分析验证了直接融资对上市企业尤其是新型产业企业研发投入具有正向作用,并系统阐述了债券融资的比较优势。创新高收益债券等品种、结合科创中心推动自贸区业务创新、加强互联开放拓展境外投资群体,是债券市场进一步支持经济改革创新的方向。

关键词: 供给侧改革　研发创新　直接融资　债券市场创新

供给侧改革,是新常态经济下培育发展新动能的重要举措。提高供给体系的质量和效率,重点在于创新驱动的实现。债券作为直接融资的重要工具,是实体经济改革创新资金的重要来源。2016 年,企业债券净融资达到 3 万亿元,占社会融资总量的 16.9%,为股票融资的 2.4 倍。债券市场作为企业融资的第一大直接融资渠道,对支持实体企业转型改革具有重要支撑作用。

一、供给侧改革与创新发展

(一)创新发展是供给侧改革的关键

新常态经济下,传统产业产能过剩严重,供需结构失衡,原有经济动力减退。中央提出供给侧改革,通过去产能、去库存、去杠杆、降成本、补短板,提高供给体系质量和效率,加快培育新的发展动能。事实上,解决当前转型经济的问题,最终都要落在创新驱动的实现和创新型经济的培育上。十八届五中全会,已将创新放在"十三五"发展的突出位置,强调创新是引领发展的第一动力。因此,如何贯彻落实创新、协调、绿色、开放、共享的发展理念,通过传统产业的转型升级,以及推动新技术、新产业、新业态的发展,有效打造创新新动力,成为当前的首要任务。

(二)企业创新是创新发展的载体

供给侧改革背景下,创新驱动至关重要,而这其中对传统产业的改革升级与新兴产业的有力支持,都离不开对企业层面研发创新的真正推动和促进。每一个实体企业最终将是落实创新的重要载体,因此,引导和实现创新驱动需要落实在如何支持微观企业层面的研发和技术创新上。对于如何激励企业创新,已有大量的实践经验和理论研究,其中加强专利保护、鼓励创新奖励等是构建创新型经济的体制基础,政府通过出台产业政策、给予财政补助是扶持创新企业的外部支持,而完善融资渠道、强化金融支持则是支撑企业创新资金来源的重要保障。

二、债券融资与企业研发创新

企业研发创新,由于前期投入大、收益回报周期长、不确定性高的特点,如何提供合适的资金支持一直是金融的一大难题。

创新活动中所需资金,主要可分为两个方面:一是种子期和初创期的研发启动资金,二是成长期支持研发成果转化产品的研发支持资金。资金的落实,离不开多层次资本市场对企业的融资支持。研发启动资金往往因无产品雏形和持续经营的历史记录,加之创新企业常体现为规模资质不足,通常情况较难获得银行贷款等融资;研发支持资金同样需要企业信用、盈利保障等支撑企业获得股权、债权融资。这就需要合适的融资模式和金融产品加以匹配。

(一)融资结构与研发投入

理论界对于融资结构与研发资金的选择方面存在长期讨论,相关的研究结论在金融市场不断发展中也发生过转折和变化。早期在 Myers (1984)融资次序理论的基础上,Himmelberg 和 Petersen(1994)通过研究指出,企业研发投入的融资渠道,同样存在由内源融资向外源融资方式依次排列的次序。换言之,企业的 R&D 投入首先主要依赖于企业通过自身利润积累和所有者资本增加形成的自有资金,其次是通过外部融资获得的资金。事实上,熊彼特创新理论之后,内源融资作为企业研发投入主要来源的结论一直得到研究的支持。后续包括 Harhoff(1997)、Czarnitzki 和 Binz(2008)以及 Brown 等(2011)的研究指出,在规模小、初创且属于高科技的企业中,内源融资作为研发创新主要资金来源的结论可以得到证实,但对于成熟企业没有得到一致的结论。Chiao(2002)、David 等(2008)的研究进一步发现外部负债融资与企业 R&D 投入之间存在正向促进关系,政府补贴、税收优惠和风险资本(VC)也是支持企业研发投入的外部融资渠道(Hall 和 Lerner,2010)。国内相关研究认为,考虑到中国金融体系为大银行占主导的间接融资体系,企业债券、股票、风险基金等的发展相对滞后,企业研发投入面临的融资约束存在实际限制,此外,国有和民营企业对内外源融资渠道的依赖也存在差异(李扬,2002;张杰等,2012)。

(二)不同融资渠道对研发创新的作用

Bottazzi et al(2001)、李汇东等(2013)等研究指出,一般而言,相较于债权融资,企业更倾向于使用股权融资为创新项目融资。不同于债权人,股权投资者会更关注企业通过科研创新提升企业成长性,而对用于债权担保的有形资产要求相对较低,因此为创新项目提供资金的意愿更强。从企业本身的角度看,创新项目需要的持续现金流投入与债权融资要求提供的稳定还本付息现金流形成冲突,债务融资带来的财务压力较大,而股权融资方式则可为企业创新投资的连续性提供保障,一旦形成创新预期,对于投资回报期限也存在一定的容忍度。

Williamson(1988)、Gugler(2001)、O'Bien(2003)等基于美国的研究认为,债务治理特别是银行信贷,并不是支持企业研发的恰当机制,实证的结果也显示,R&D 投资密度越高的企业其财务杠杆率越低。原因在于,一是债务融资常常具有契约刚性,一旦企业无法还本付息,将受到债权人的清算,研发活动的高风险性将增加企业破产风险;二是债权关系约定固定收益、并不与企业营利性和成长性挂钩的特点,使得债权人本身无法从企业通过研发获取额外收益中受益;三是债务融资对抵押担保性资产要求较高,但研发形成的无形资产可抵押性有限。

David et al(2008)、温军等(2011)等,则指出上述观点无法对日德等以银行为主导国家的创新行为给予满意的解释,由此提出债务的异质性,即银行贷款等关系型债务与企业债券、商业票据等交易型债务存在区别。前者使得金融中介与企业产生长期的复杂关系,并提供贷款以外的多种金融服务,可以从企业研发和成长中获利。此外,银行的对于甄别借款人独有信息存在比较优势,对于企业研发行为可以形成充分的信息追踪。而预算软约束的存在,也可促使银行监督企业通过改革创新等途径走出困境,而并非通过强制性要求破产来解决企业问题。

(三)直接融资支持企业研发的实证分析

鉴于现有文献对于直接融资是否能有效促进企业研发并无定论,且国内相关研究不足,本文将采用实证研究方法,来验证直接融资对企业研发创新投入可能存在的影响。

研究选择的样本为2010—2014年沪深 A 股市场上市公司财务面板数据,数据来源于 Wind 上市公司数据库。具体地,样本被分为新型产业企业和传统产业企业两部分,其中新型产业企业包含节能环保、新一代信息技术、生物产业、高端装备制造、新能源、新材料、新能源汽车等七大战略性新兴产业相关企业样本,传统产业企业包含煤炭、石油、钢铁、纺织、化工、轻工、房地产、通用机械、基础建设等行业的样本。样本处理中删除了所属新型概念与主营业务范围不符的样本,以及被标记 ST 的上市公司样本。

表 1 变量含义

变量符号	变量含义	赋值方法
rd	研发强度	(当期研发费用/上一期营业收入)×100%
dfr	直接融资比例	当期直接融资量/(当期直接融资量+当期间接融资量)×100%
scale	企业规模	员工总数的对数值
alr	资产负债率	(负债总额/资产总额)×100%
growth	营业收入同比增长率	(当期营业收入−上年同期营业收入)/上年同期营业收入×100%

其中直接融资量为股权融资量和债券融资量之和,间接融资量指短期和长期银行贷款融资量。

表 2 变量描述性统计

新型产业企业	均值	标准差	传统产业企业	均值	标准差
研发强度	5.67	3.92	研发强度	2.26	2.14
直接融资比例	53.22	46.28	直接融资比例	37.63	44.36
企业规模	7.34	1.28	企业规模	7.56	1.58
资产负债率	39.47	20.06	资产负债率	51.95	20.14
营业收入同比增长率	19.34	25.29	营业收入同比增长率	14.99	27.99

表 3 新型产业和传统产业研发强度对比

	研发强度(%,均值)	研发强度(%,中位数)
节能环保	4.37	4.18
新一代信息技术	7.76	7.08
生物产业	6.11	5.17
高端装备制造	4.08	3.75

（续表）

	研发强度(%,均值)	研发强度(%,中位数)
新能源	4.48	4.02
新材料	4.55	4.31
新能源汽车	3.31	3.49
新型产业合计	5.67	4.72
传统产业合计	2.26	1.78

不难发现,新型产业,尤其是其中的新一代信息技术产业和生物产业,在研发投入上远超传统产,如何保障研发需求大的新型产业项目资金来源,如何刺激传统产业有效利用资源加大研发强度、实现转型升级,就成为金融更好地服务实体经济创新发展的重要课题。

在这里,我们考虑验证直接融资对企业研发强度的影响。模型回归变量的选择上与现有文献相似(参见,白俊红,2011;黄俊和陈信元,2011),具体如下:

$$rd_{it} = \alpha_0 + \beta_1 + dfr_{it} + \beta_2 \cdot L.rd_{it} + \beta_3 \cdot (L.rd_{it})^2 + \beta_4 \cdot scale_{it}$$
$$+ \beta_5 \cdot alr_{it} + \beta_6 \cdot growth_{it} + \sum_m \delta_m year_m + \sum_k \zeta_k ind_k + \varepsilon_{it} \qquad (1)$$

总体模型中直接融资比例的估计系数并不显著(未在表中列出),一个自然的想法是该变量不同分布区间上是否存在结果不一致的情况,导致了总体样本的不显著。于是,我们考虑直接融资比例较低和较高的子样本是否会有不同的结果,这里以50%为线将样本划分为间接融资占主导的企业样本和直接融资占主导的企业样本两类,并且区分传统产业和新型产业,共计四种分类。模型的估计结果如表4所示。

我们发现对于传统产业企业,直接融资比例的大小对企业的研发强度不存在显著的影响效果,但是对于新型产业企业,其中那些当前直接融资比例尚低于间接融资的,提高直接融资比重可能带来研发投入的增加。平均意义下,如果提升10%的直接融资比例,可能会使得研发投入水平提高0.25%,对于当前直接融资已占主导的新型企业而言并不成立。

实证结果显示,直接融资比重的增加,对直接融资不足的新型企业研发创新存在促进作用。由此,在企业样本层面,直接融资对于企业研发的正向作用得到了统计上的验证。

表4 直接融资比例对研发贡献模型

变量	传统产业		新型产业	
	直接融资<50%	直接融资≥50%	直接融资<50%	直接融资≥50%
直接融资比例	0.003	−0.011*	0.025***	0.008
	(0.005)	(0.006)	(0.009)	(0.009)
滞后一期_研发强度	0.794***	0.882***	0.847***	0.675***
	(0.058)	(0.084)	(0.103)	(0.091)
滞后一期_研发强度平方	−0.008	−0.037***	−0.010	0.004
	(0.006)	(0.009)	(0.007)	(0.006)
企业规模	0.009	−0.149*	0.069	0.123
	(0.049)	(0.083)	(0.098)	(0.094)
资产负债率	−0.010***	−0.005	−0.020***	−0.015**
	(0.004)	(0.005)	(0.007)	(0.007)
营业收入同比增长率	0.012***	0.010**	0.018***	0.019***
	(0.002)	(0.004)	(0.004)	(0.004)
年份	√	√	√	√
行业	√	√	√	√
样本数	553	377	422	448
调整 R2	0.699	0.574	0.669	0.808
F 统计量	68.47	27.69	38.02	73.37

注:括号中为标准误差;*、**、***分别表示10%、5%和1%的显著水平;常数项的估计结果略去。

(四)债券融资匹配企业研发的比较优势

通过实证分析,我们得到了直接融资对于企业,特别是新兴产业企业,研发创新投入存在积极作用的证据。但现有文献往往认为,股权融资是更有利于匹配研发活动资金需求的直接融资方式。同时,温军等(2011)的研究也试图阐述银行信贷相较于债券等交易型债务,存在关系型债务的优势,更有利于企业 R&D 投入。以下我们从三个层面探讨债券作为企业的融资渠道,可能更适于匹配企业研发的有利条件:

首先,债券融资相较于股权融资存在不稀释成长型企业股权的优势。债券作为直接融资的重要工具,在经济中扮演相较于股权融资更为重要的作用,是企业实体首要直接融资来源。其债权属性,可以保障企业筹资过程中不付出有限的股权的代价,而其直接融资属性,又可以使企业面向市场,获取与研发风险性相匹配的风险偏好型资金。

其次,债券相较于传统信贷的间接融资,可交易、期限灵活、分散风险、融资成本相对较低的特点更适合于对企业研发创新活动的支持。银行贷款风险控制要求严格,是适合于投资成熟稳定行业中企业、以低风险为基础的债权投资模式,对于承担转型时期创新产业和传统产业转型发展的风险能力有限。因而,一国的金融结构与经济发展具有密切的关系,越高的发展阶段往往需要金融市场越发达的金融结构,提高直接融资比重是当前转型经济的必然要求,有助于形成适合经济发展的最优金融结构(林毅夫等,2009;龚强等,2014),而这其中债券融资是重要组成部分,相较于间接融资更适于匹配经济创新驱动的需求。

再次,债券产品创新丰富,存在探索专门适合于创新企业融资诉求债券品种的可行性。事实上,交易所创新创业公司债券已推出近一年半,专用于鼓励创新创业公司、创业投资公司,从截至 2017 年 7 月中旬已发行或预备发行"双创债"的 23 家公司的发行情况看,因不需信用评级而通过担保增信的双创债融资,相较于同为债权融资的银行贷款而言略有优势,同时 7 月证监会出台指导意见中"即报即审"的机制,预计进一步提高双创债审核效率,节约企业时间成本。企业债券、资产支持证券、项目收益债等都有望通过创新迎合特定的研发投入大的企业项目,而像在成熟市场已运行多年的高收益债券市场,在控制投机风险的前提下,同样可以成为下一步针对创新企业培育发展的对象。

三、推动债券市场创新开放,支持供给侧改革和创新驱动

通过梳理转型时期供给侧改革的目标与定位,芬兰将通过 T2S 实现的跨境互联,澳大利亚与中国银行合作开展的人民币结算业务等四个资本市场互联开放案例,对于国内债券市场的开放得到以下启示:

一是创新绿色债券、高收益债券等债券品种,优化债券市场资源配置作用,匹配创新驱动融资需求。扩大债券产品包容性,发挥直接融资优势特点,积极支持节能环保、新兴信息产业、生物产业、新能源、新能源汽车、高端装备制造业和新材料等新兴产业和传统产业的转型升级,切实满足创新企业和中小微企业的融资需求。2016 年 3 月,证监会层面试点推出创新创业公司债,首批"双创债"在上海证券交易所发行。2017 年 7 月 4 日中国证监会出台《中国证监会关于开展创新创业公司债券试点的指导意见》,明确创新创业公司、创业投资公司是双创债发行主体,将新三板创新层纳入双创债重点扶持对象,通过"专项审核、即报即审"缩短审核时间,并创造性地为双创债添加了可转股的条款。在银行间债券市场,同样可以尝试相关债券创新。在专项债、项目收益债、资产证券基础上，培育绿色债券市场需求，推动绿色债券持续创新发展；引导逐步有序打破刚性兑付，强化信用评级，发挥担保增信作用，创新高收益高风险债券等品种；突破低资质企业融资瓶颈，发展债券与 PPP 项目的深度对接等。

二是推动自贸试验区债券业务创新，结合上海科创中心建设，探索区域性科技集群与金融创新支持的有机结合。上海自贸试验区作为创新高地，是改革试点和发展创新的重要试验田。依托自贸区定位，可契合经济创新驱动的需要，通过创新债券品种和业务，为企业的研发创新注入强大动力。2017 年 3 月 31 日，国务院正式印发《全面深化中国（上海）自由贸易试验区改革开放方案》，提出了建设"三区一堡"的新目标，"两个最高"的新要求和加强"三个联动"的新格局，其中就特别提到了自贸区建设要进一步加强具有全球影响力的科技创新中心建设的联动。该方案提出，"深化推进金融中心与科技创新中心建设相结合的科技金融模式创新"，这要求积极推动科技金融创新，继续用好现有 FT 账户、人民币资金池、外汇集中运营管理等金融创新试点，加强投贷联动试点、科技创新板建设，在 2016 年 12 月首单自贸区债券创新基础上，可以探索创新自贸区企业债等业务品种，结合科创中心相关企业实际，匹配创新资金需求。

三是加强债券市场互联开放，积极拓展国际投资者群体，培育创新领域信用债需求基础并促进融资成本降低。债券市场开放是提高市场流动性的有益举措，同样也可以成为支持经济转型升级和创新发展的有效助力。通过完善法律税收等基础体系建设，便利境外投资者入市流程，拓展债券市场中央托管机构间合作互联模式、自贸区债券市场进入模式、银行间市场直接进入模式等多种渠道，吸引更多合格境外机构投资者入市，为发展支持企业研发创新的企业债券市场提供活力、增加深度。事实上，境外投资者对于高收益债券等信用债券早已形成成熟的投资群体和需求基础。以美国市场为例，中小企业发行高收益债募集资金的需求非常旺盛，高收益债券市场的发展极大地推动了美国中小企业的发展。随着国际评级机构被央行准入，信用违约互换（CDS）等信用风险对冲工具推出，国内发展绿色债券、高收益债券等支持供给侧改革和创新发展债券品种的土壤逐渐适宜。随着进一步扩大债券市场对外开放，有机会吸引更多的境外资本，在投资持有国债、政策性银行债等高信用等级债券之外，投向科技概念、创新领域的信用债券。

参考文献：

［1］Brown, J. R., Martinsson, G., and Peterson, B. C. Do Financing Constraints Matter for R&D? New Tests and Evidence［D］. 2011 ASSA Annual Meeting Paper, 2011.

［2］Bottazzi, G., Dosi, G., Lippi, M., Pammoli, F., and Riccaboni, M. Innovation and Corporate Growth in the Evolution of the Drug Industry［J］. International Journal of Industrial Organization, 19(7): 1161−1187, 2001.

［3］Chiao, C. Relationship between Debt, R&D and Physical Investment: Evidence from US Firm Level Data［J］. Applied Financial Economics, 12: 105−121, 2002.

［4］Czarnitzki, D., and Binz, H. L. R&D Investment and Financing Constraints of Small and Medium Sized Firms ［D］. Centre for European Economic Research Discussion Paper, No. 08047, 2008.

［5］David, P., O'Bien, J., and Yoskikawa, T. The Implication of Debt Heterogeneity for R&D Investment and Firm Performance［J］. Academy of Management Journal, 51: 165−181, 2008.

［6］Gugler, K. Corporate Governance and Economic Performance ［J］. Oxford University Press, 2001.

［7］Hall, B. H., and Lerner, J. The Financing of R&D and Innovation［J］. Handbook of the Economics of Innovation. Elsevier-North Holland, 2010.

［8］Harhoff, D. Are there Financing Constraints for R&D and Investment in German Manufacturing Firms? Annales d'Economie et de Statistique, 49 /50: 421-456, 1997.

［9］Himmelberg, C. P. and Petersen, B. C. R&D and Internal Finance: A Panel Study of Small Firms in High-Tech Industries［J］. The Review of Economics and Statistics, 76(1): 38-51, 1994.

［10］Myers, S. C., and Majluf, N. S. Corporate Financing and Investment Decisions When Firms Have Information that Investors Do Not Have［J］. Journal of Financial Economics, 13: 187-221, 1984.

［11］O' Brien, J. The Capital Structure Implication of Pursuing A Strategy Innovation［J］. Strategic Management Journal, 24: 415-431, 2003.

［12］Williamson, O. E. Corporate Finance and Corporate Governance. Journal of Finance［J］. 43:567-591, 1988.

［13］白俊红.中国的政府 R&D 资助有效吗? 来自大中型工业企业的经验证据［J］.经济学(季刊),2011(4).

［14］龚强,张一林、林毅夫.产业结构、风险特性与最优金融结构［J］.经济研究,2014(4).

［15］黄俊,陈信元.集团化经营与企业研发投资——基于知识溢出与内部资本市场视角的分析［J］.经济研究,2011(6).

［16］李汇东,唐跃军,左晶晶.用自己的钱还是用别人的钱创新——基于中国上市公司融资结构与公司创新的研究［J］.金融研究,2013(2).

［17］李扬.拨开迷雾——著名经济学家李扬谈中小企业贷款难［J］.银行家,2002(10).

［18］林毅夫,孙希芳,姜烨.经济发展中的最优金融结构理论初探［J］.经济研究,2009(8).

［19］温军,冯根福,刘志勇.异质债务、企业规模与 R&D 投入［J］.金融研究,2011(1).

［20］张杰,芦哲,郑文平,陈志远.融资约束、融资渠道与企业 R&D 投入［J］.世界经济,

2012(10).

[21]周亚虹,蒲余路,陈诗一,方芳.政府扶持与新型产业发展——以新能源为例[J].经济研究,2015(6).

对进一步完善国债市场的若干建议

王超群　张　淼　邬隽骁

摘　要：国债市场的发展日新月异，为积极响应中央"加快推进利率市场化，健全反映市场供求关系的国债收益率曲线"的号召，本文对国债和国债收益率在经济和金融中的重要作用进行了简要分析，提出了若干建议，希望能够进一步提高国债的流动性，更加充分地发挥国债收益率曲线的金融定价基准作用，深化国债收益率在更多领域的应用。

关键词：国债　国债收益率　流动性　定价基准　宏观调控

从 1981 年发行首只国库券至今，国债 30 多年的发展历程见证的是一条大国崛起之路。水阔天高好行舟，从最初 40 亿元的年计划发行量到目前超 11 万亿的托管余额，国债作为金边债券支撑着整个中国金融市场的信用基础，在利率市场化、金融资产定价和宏观经济管理等工作中发挥着重要作用。

国债市场的发展日新月异，为积极响应中央"加快推进利率市场化，健全反映市场供求关系的国债收益率曲线"的号召，本文对国债市场进行了简要分析并提出了若干建议,希望能够进一步提高国债的流动性,更加充分地发挥国债收益率曲线的金融定价基准作用,深化国债收益率在更多领域的应用。

一、国债和国债收益率在经济和金融中的重要作用

(一)国债收益率是我国宏观经济的重要参考指标

中国人民银行定期发布的《货币政策执行报告》一直采用国债收益率曲线反映债券市场利率变化。2014 年,国债收益率进入央行统计序列。央行 2016 年 1 号工作论文提出,我国的短期利率通过债券市场向中长期收益率的传导效率约为其他大国的 70%。中国人民银行调查统计司课题组在 2013 年《我国国债收益率曲线与宏观经济的先行关系及货币政策传导研究》中指出,领先 12 个月的国债 10 年期与 2 年期的利差可以反映市场预期,与宏观经济景气一致指数有较好的相关性(如图 1)。此外,市场研究机构普遍采用中债国债收益率曲线进行市场分析和宏观经济预测。

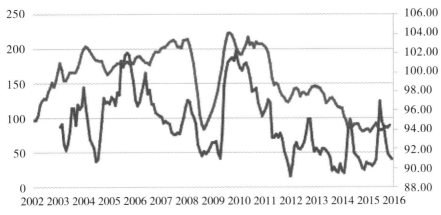

左轴:中债国债收益率10年期-2年期(BP)(领先12个月)
右轴:宏观经济景气一致指数(实际值)

图 1　我国国债期限利差与景气指数关系

(二)国债收益率是我国金融资产的重要定价基准

国债收益率是我国重要的代表性基准利率。分别自 2014 年和 2016 年起财政部和中国人民银行官方网站发布由中央结算公司提供的中国国债收益率曲线。2015 年 12 月,IMF 宣布选取中债国债三个月期收益率作为人民币代表性利率纳入 SDR 利率计算。

国债收益率是我国固定收益类资产的重要定价基准。中央结算公司以国债收益率曲线为基准形成覆盖各类信用等级债券的中债收益率曲线族,并每日据此提供涵盖 60 余万亿债券、近 5 万亿商业银行理财非标准化债权资产和近 30 只优先股的估值。

国债收益率是我国地方政府债等发行定价基准。地方政府债的代发代还和自发自还均采用中债国债收益率曲线作为发行招标的投标参考基准。截至 2016 年末,约 1 万亿的超长期限国债、11.4 万亿的地方政府债发行以中债国债收益率曲线为基准。此外,近 1 万亿元永续债和优先股采用中债国债收益率曲线作为定价基准。

国债收益率是银行贷款定价的重要参考基准。据统计,一般贷款加权平均利率与 1、5、10 年期中债国债收益率曲线收益率的相关性分别为 0.77、0.71、0.67(如图 2)。此外,国内一部分银行已开始采用国债收益率曲线构建内部资金转移定价基准曲线。

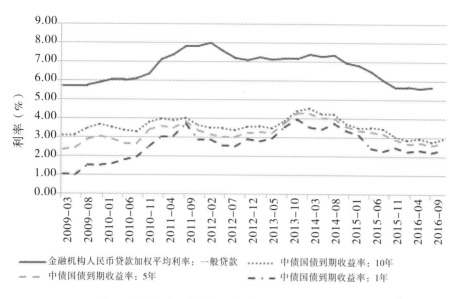

图 2　我国国债收益率与一般贷款加权平均利率走势

国债收益率是保险和期货行业保证金的计量基准。2010 年起,保监会采用中债国债收益率曲线 750 个工作日移动平均值作为保险业保险准备金计量基准。2014 年起,中国金融期货交易所国债冲抵保证金业务中采用基于国债收益率曲线的中债估值计量担保品价值。

二、进一步完善国债市场的若干建议

(一)进一步提高我国国债流动性的建议

1.针对国债发行量不足,应增发国债提高市场深度。发行量不足是国债流动性较低的重要原因之一。2011—2016 年我国中央政府负债率基本维持在 15%左右,远低于美国的 73%。若考虑可能存在一定救助责任的债务,中国含政策性银行债的中央政府债务率约为 33%,也远低于美国84%的水平(含联邦政府机构债)。这表明,我国国债发行量具备进一步增长的空间。增发的国债可用于加大农村人口养老保障投入、增加老龄农民养老金、购滞销房屋、增加公租房、廉租房供应等。未来5年内将国债存量占GDP的比重增加至30%。根据2020年GDP比2010年翻一番的目标，预计2020年GDP约80万亿元，则5年后国债存量应增长至25万亿元左右。

2.针对国债发行频率较低，应进一步优化一级市场发行机制。目前，国债定期滚动发行、续发行等机制的建立促进了国债市场流动性的提高，但1年期、2年期以及10年期以上国债发行次数仍相对较少，导致部分期限国债流动性不高。此外，国债总体的发行频率也相对不足，数据显示，2016年中国固定利率国债1年期以上品种累积发行72期次，同比美国109次，国开行为235次，而我国1年期以下国债发行了58次，美国为156次。适度均匀增加相关期限品种的发行频率，推动发行要素标准化有助于提高国债的流动性。

3.针对国债换手率偏低，应完善国债二级市场做市机制。以银行间市场为例，2016年记账式国债换手率为114%，远低于181%的市场平均和政策性银行债439%的换手率。为提高国债换手率低，激发做市商的做市动力，一是要强化国债承销团成员二级市场做市和促进交易的义务，建议对我国国债承销团成员加强二级市场做市情况指标考核要求；覆盖所有关键期限品种。二是应采取有效措施鼓励和支持做市商做市：在中央国库现金管理招标过程中优先考虑国债做市商的需求；加强财政和货币政策协调，考虑公开市场一级交易商、国债承销团、做市商、中央国库现金管理团等多项牌照资格整合，实现最大程度兼容，做到资源、权利的有效利用；允许国债承销团和国债做市银行进入国债期货市场；加快推进债券置换,实行新老替换。

4.针对国债投资交易需求不足,应进一步扩大国债担保品应用。允许国债作为多种金融业务的担保品,能够提高国债资产使用效率,可以增强对国债的投资和交易需求,从而提高国债市场的流动性。未来,我国应进一步推动担保品管理业务的发展,包括:一是允许国债充当商品期货保证金。参照国际通行做法,允许期货经纪公司使用投资者缴存的一部分保证金购买国债,抵押作为上存期货交易所的保证金。二是解决国债在政策性业务(如国库现金管理)中质押比例过高的问题。三是引入依托于中央托管结算机构的三方回购与债券自动借贷机制,促进债券融通机制效率的提升。

5.针对银行持有到期账户国债沉淀比例较高,应在一定范围内采用市值对其进行风险管理和业绩考核。目前对国有商业银行经营绩效及主要负责人业绩考核指标中,持有到期账户债券资产主要以成本计量,这可能导致银行倾向于将资产置于持有到期账户,以规避利润的波动,不利于国债二级市场流动性的提高,建议改用市值进行计量考核。

(二)进一步提高国债收益率作为定价基准精确度的建议

1.应对国债利息收入计征所得税和增值税,提高国债收益率定价基准的精确度。目前我国居民企业投资国债利息收入免税而资本利得计征所得税和增值税,这一安排在国际上属于独树一帜。此外,利息免税使得国债与其他债券收益率的可比性降低,票面和免税额度不同使得相同待偿期的两只国债实际收益率产生偏差,税收优惠也降低了票面收益率导致广义基金等投资者持有国债意愿偏低,不同程度上制约了国债发挥金融市场定价基准的作用。因此,建议对国债利息收入计征所得税和增值税,并且实施新老置换和划断,以缩短过渡期同时避免引发国债二级市场价格出现断崖式下跌。对利息征税会导致国债的票面利率升高,国债利息支出增加,但同时税收收入也相应增加;而且能够吸引更多投资者参与投资,成本还可能有所下降。

2.应统一国债付息频率,降低对国债收益率曲线期限结构的干扰。国债付息频率不统一使得待偿期相同但付息频率不同的两只国债的到期收益率无法直接可比,也给国债收益率曲线的编制带来一定困难。此外,付息频率不统一增加了国债期货等衍生品的定价复杂性,给国债期货交割券转换因子计算造成误差。国际主要发达国家的国债付息频率较为统一,例如美国为一年两次。因此,建议统一各期限国债的付息频率。

3.应统一国债计息方式,带动债券市场各类券种按照"实际/实际"规范化计息。2007年中国人民银行对全国银行间债券市场到期收益率计算标准进行了调整,规定要求银行间债券市场的发行、托管、交易、结算、兑付等业务应采用"实际/实际"的计息标准,即应计利息天数按当期的实际天数计算,闰年2月29日计算利息,付息区间天数按实际天数计算。而统计显示,目前超过三分之二的记账式国债采用"实际/365"计息方式。此外,近八成的短融、九成的地方政府债以及所有的同业存单和超短融也均未按照央行规定进行规范化计息。计息方式的长期混乱不仅给债券交易和结算增加不必要的麻烦,而且影响了国债收益率作为定价基准的精确性。因此,建议发挥国债在债券市场的标杆作用,统一计息方式,带动各券种尽快实现规范化计息。

(三)进一步深化我国国债收益率曲线应用的建议

1.采用国债收益率或国债收益率移动平均值丰富存贷款定价基准。

随着利率市场化的逐步推进,目前国债收益率与一般贷款利率的相关性已达 0.7,国内部分商业银行已采用国债收益率对内部资金转移进行定价。作为市场化的利率,采用国债收益率可以为商业银行存贷款定价提供更加合理的参考。国际上,美国商业银行也将国债收益率作为贷款定价的基准之一。实务中,商业银行可参照对应期限的国债收益率,或对应期限国债收益率的移动平均值来对存贷款进行定价。

2.采用国债收益率作为货币政策价格型调控的中介目标。根据最新的实证检验,央行 7 天回购和 MLF 两个主要操作品种的利率对国债收益率和贷款利率的传导效应趋于上升。此外,研究显示国债收益率曲线对M2、GDP、CPI 等宏观经济指标在领先一定月份后也能够呈现较好的相关性。因此,为实现货币政策框架从数量型向价格型调控的转型,可以考虑将国债收益率作为货币政策调控的中介目标。

3.将国债收益率期限利差纳入宏观经济调控监测目标。1997 年起,世界大型企业联合会将 10 年期美国国债利率减联邦基金利率的长短期利差列入美国商业周期指标中的先行经济指标,并指出历次的长短期倒挂均跟随出现了经济波动。中国人民银行研究局、调统司的研究表明,我国国债收益率曲线长短期利差同样可以反映市场预期,为宏观经济政策提供参考。

4.丰富以国债收益率或国债为标的的金融衍生品。目前我国国债相关金融衍生品数量仍有很大进步空间,开发和创设更多种类的国债相关金融衍生品,有利于提高国债市场的价格发现,提供对冲风险工具,提高国债市场流动性。建议丰富国债期货产品体系,推出短期限和超长期限的国债期货;开发利率期权、国债指数期货等新衍生品。

5.采用国债收益率作为会计准则中现金流折现的统一利率基准。企业会计准则中，以公允价值计量资产负债时需选取折现利率。国债收益率作为无风险利率，可作为该折现利率的基准，对股权类、债权类等金融工具，以及固定资产、投资性房地产等会计项目进行估值，同时能够扩大国债收益率的影响，全方位促进利率市场化进程。

关于地方政府债二级市场流动性相关问题的研究

付　颖　谢　斐　李晓娅

摘　要：目前,我国地方政府债二级市场流动性不足的问题依然存在,地方债现券交易及回购交易量长期维持较低水平,二级市场活跃度较低。究其原因涉及多个方面,主要包括续发行机制、一级市场定价合理性、投资者结构以及流通场所限制等。本文将从地方政府债二级市场交易整体表现入手,深入分析其二级市场流动性较差的原因,并据此得出提升地方债二级市场流动性的相关政策建议,以提高地方政府债自身吸引力,提振其二级市场活跃度,最终促进地方政府债和整个中国债券市场的稳定健康发展。

关键词：地方政府债　二级市场　流动性　原因　政策建议

一、地方政府债研究背景

(一)地方政府债简介

地方政府债是指由地方政府发行的,以承担还本付息责任为前提,以政府税收能力或项目未来收益作为还本付息担保的债务凭证。地方政府债分为一般债券和专项债券。地方政府一般债券是指省、自治区、直辖市及计划单列市政府为没有收益的公益性项目发行的、约定一定期限内主要以一般公共预算收入还本付息的政府债券。地方政府专项债券是指省、自治区、直辖市及计划单列市政府为有一定收益的公益性项目发行的、约定一定期限内以公益性项目对应的政府性基金或专项收入还本付息的政府债券。

我国最早的地方政府债以国债转贷的形式呈现,后发行方式逐步经过了财政部代发代换、地方政府自发代还、地方政府自发自还试点以及最终全面的自发自还四个主要阶段。自 2015 年 5 月各地方政府开始全面自发自还以来,地方政府债发行出现了井喷式增长,全年发行规模由 2009 年的 2000 亿元陡增至 2016 年的 6.04 万亿元。① 2017 年,地方政府债会成为我国银行间债券市场存量最大的债券品种。

(二)研究原因分析

自发行以来,地方政府债二级市场流动性不足的问题一直广受关注。本文将地方政府债流动性作为研究对象,主要有以下两点原因:

---

① 数据来源:中国债券信息网。

1.发行规模激增凸显流动性研究的重要性

如图 1 所示,2009—2016 年地方政府债发行规模日渐扩大,尤其是 2015 年采用自发自还方式发行债券以来,地方政府债的发行额度高速增长,其在七大主要券种^①中的占比由 5.7% 一路飙升至 44.7%。但与此同时,地方政府债二级市场交易量的占比一直维持在较低水平,2016 年仅为 5.2%,较 2009 年整体增幅不到 5%。相比一级市场发行量的突飞猛进,地方政府债二级市场交易量增长显著偏低,两者反差明显,体现出对地方债二级市场流动性问题的研究愈发重要。

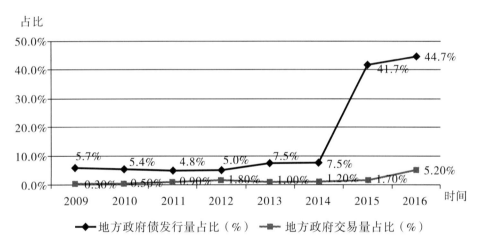

图 1　2009—2016 年地方政府债在七大主要券种中发行量及交易量占比

数据来源:Wind 资讯

2.提升地方政府债流动性具有重要的现实意义

对发行人而言,提升地方政府债二级市场流动性有利于吸引更多投资者,增强地方政府债自身吸引力,实现可持续低成本融资;从投资者的

---

①　本文所选取的七大主要债种包括国债、地方政府债、政策性银行债、政府支持机构债、商业银行债、非银行金融机构债、企业债。

角度出发,高流动性便于市场对地方政府债进行合理定价,方便投资者转手交易,提升投资者收益空间;从债券市场整体考虑,地方政府债即将成为债券市场存量最大的券种,其本身的市场化定价和高流动性可促进债券市场整体稳定可持续发展。

（2）研究范围选择

本文提取的为在银行间市场交易流通的地方政府债数据。由于地方政府债在交易所的托管量及交易量均较小,不具代表性,故在交易所流通交易的地方政府债不纳入本文研究范围。

（3）研究目的

本文旨在通过揭示地方政府债二级市场流动性欠佳的原因,寻找提升地方政府债流动性的有效方法,构建地方债多元化投资者结构,推动一级市场定价机制的健全,以期提升地方政府债整体吸引力。

（4）文章结构

本文主要从三个方面对地方政府债二级市场流动性问题展开研究讨论。首先是通过图表分析,展现地方政府债二级市场流动性欠佳的主要表现。其次是结合具体数据,从定价机制、投资者结构、地方债自身特征等多个维度分析其流动性问题的产生原因。最后,本文将根据原因分析,提出相对合理有效的政策建议,以提升地方政府债二级市场流动性。

二、地方政府债二级市场流动性欠佳的表现

整体而言,地方政府债流动性欠佳突出表现在其二级市场现券交易量及回购交易量偏低两个方面,我们将在这一部分具体进行分析。

首先,地方政府债券二级市场现券交易量与发行量不匹配,与一级市场发行量较高的其他六大券种相比占比明显偏低。

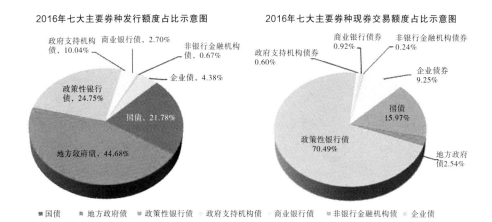

图2　2016年七大主要券种发行额度及现券交易额度占比示意图

数据来源:中国债券信息网

如图2所示,2016年全年,地方政府债发行总额突破6万亿元,在债券市场七大类主要券种中占比约45%,发行总量超越国债(21.78%)及政策性银行债(24.75%),排名第一。而在二级市场现券成交方面,2016年地方政府债券的现券交易量在七大主要券种中的比例仅为2.54%,相比之下,七大券种中发行量位列第二与第三的政策性银行债和国债的现券交易量占比分别超过了70%和15%。可见,地方政府债的现券交易量与同口径发行量占比相比明显偏低,体现了其二级市场现券交易不活跃。

其次,二级市场中地方政府债券回购交易量较少,以地方政府债券为担保品的回购交易在七大主要券种中占比整体偏低。

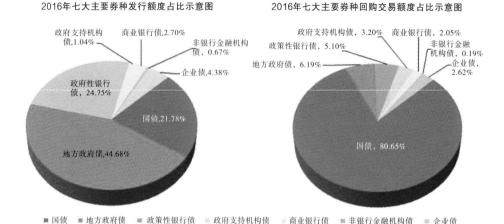

图3　2016年七大主要券种发行额度及回购交易额度占比

数据来源:中国债券信息网

如图3所示,2016年国债的回购交易量在七大券种中的占比超过3/4,是最受欢迎的回购交易债券品种。而以地方政府债券作为担保品的回购交易量在以七大券种为担保品的回购交易总量中占比仅为6.19%,远低于其发行额度在七大券种中的占比44.68%,这体现出投资者在二级市场将地方政府债作为担保品进行回购交易的热情较低。由此可见,地方政府债券不仅现券交易不活跃,相对国债、政策性金融债来讲,也较少地被金融机构用于质押式回购。

三、地方政府债二级市场流动性欠佳的原因分析

(一)缺乏续发行机制

目前地方政府债尚未正式引入续发行机制,其一级发行市场存在发行期次较多、单期发行量较低、发行碎片化严重等现象,对地方政府债二

级市场流动性产生了不利影响。

为进一步体现续发行机制对债券二级市场流动性的提振作用,本文以国家开发银行(以下简称"国开行")为例,引入国开债二级市场加权平均换手率[1],通过对比续发行前后国开债加权平均换手率的变化,对续发行机制在债券二级市场流动性方面的提振作用进行说明。之所以选择换手率作为比较指标,是因为相比交易量、交易次数等绝对性指标而言,换手率熨平了发行量等其他影响因素,更具备客观性和可比性。

经计算可得:在2012—2016年发行的国开债中,全部续发行债券的加权平均换手率为1274.8%,并且整体而言,单只债券换手率随债券发行规模及续发行次数的增加呈上升态势;相比之下,未采用续发行方式的债券加权平均换手率为890.2%,远低于同期已进行续发行的国开债的加权平均换手率,二级市场交易整体不活跃。

由此可见,续发行机制对国开行债券二级市场流动性具有较为显著的影响。通过续发行机制,发行人可增加单只债券的存量规模、提高一级市场债券定价频率、促进债券定价合理化,以此带动二级市场交易活跃度的提升,改善二级市场流动性。对于地方政府债券而言,缺乏续发行机制可以被视为其二级市场流动性欠佳的一个重要因素。

(二)票面利率整体偏低

票面利率是投资者最为关注的指标之一,其很大程度上影响着二级市场投资者的交易意愿。自2015年初至2016年下半年,债市持续繁荣,债券利率下行成为主要背景,包括国债、地方政府债、政策性金融债等主

---

[1] 换手率=区间内总交易量/总托管量。

要券种利率均有所下降。由图 4 可见，2015 年 5 月—2016 年 9 月，公开
发行的地方政府债票面利率整体走势显著下行。

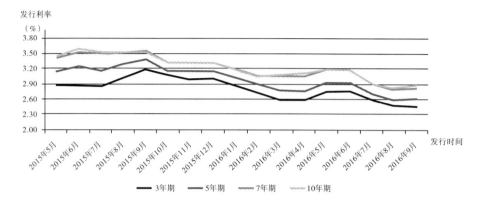

图 4　2015 年 5 月—2016 年 9 月关键期限地方政府债加权平均票面利率变化趋势

数据来源：Wind 资讯

在票面利率整体下行的大背景下，我们选取了国债、国开债和地方政
府债三大主要券种进行票面利率走势的比较分析。期限品种定位于债券
市场中交易较活跃、受欢迎程度较高的十年期债券（见图 5）。

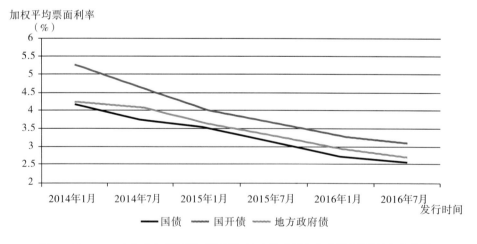

图 5　2014—2016 年十年期国债、国开债、地方政府债加权平均票面利率走势图

数据来源：Wind 资讯

如图 5 所示,尽管三大券种加权平均票面利率整体均逐渐走低,但地方政府债票面利率与同期限国开债相比明显偏低。2014—2016 年两年内,十年期地方政府债加权平均票面利率紧贴同期限国债基准利率,其加权平均利率较国债基准最低仅上浮不到 10BP,最高上浮水平也不超过 35BP。相比之下,十年期国开债加权平均票面利率与同期限国债加权平均票面利率保持着相对较高的上浮水平。2014—2015 年,十年期国开债相比同期限国债加权平均基准票面利率上浮约 100BP;2015 年初至 2016 年中,债市繁荣凸显,在利率整体下行之时,十年期国开债加权平均票面利率较国债基准利率上浮水平基本稳定在 50BP,依然同国债基准线保持着较大距离,远高于地方政府债的上浮水平。

由此可见,地方政府债的票面利率绝对值水平较低,狭小的盈利空间很大程度上抑制了投资者投资交易的积极性。与此同时,其较低的票面利率也导致了债券估值偏低,使得地方政府债在二级市场进行现券交易时容易出现浮亏,在质押式回购中更易抬高成本,收窄投资者的收益空间,进一步打击了投资者的交易热情,降低了其二级市场流动性。因此,较低的票面利率也是导致地方政府债流动性不佳的重要因素之一。

(三)一级市场定价缺乏合理性

公开透明的一级市场定价机制是二级市场交易顺利进行的基础。自 2015 年全面自发自还以来,地方政府债的一级市场定价机制也在逐步完善。在此过程中有部分问题逐渐凸显,其中较为显著的问题之一即在定价过程中存在非市场化的利好因素,其无法穿透二级市场,也未在票面利率中完整体现。

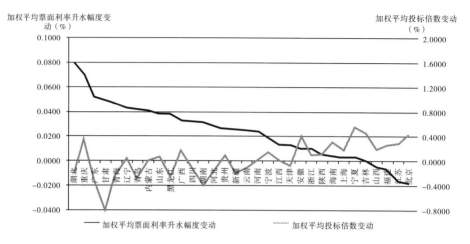

图6 2015—2016 年各省地方政府债加权平均利率升水幅度与加权平均投标倍数变动

数据来源：Wind 资讯

图 6 反映了 2015—2016 年各省地方政府债加权平均票面利率升水幅度与投标倍数变动水平的走势（按照加权平均票面利率升水幅度由高到低将各省排序）。其中，加权平均票面利率升水幅度反映了发行人整体发行成本距国债基准的上浮水平，投标倍数反映了地方政府债在市场上的受欢迎程度。

分析可知，2015—2016 年处于经济基本面较为平稳、债券持续牛市时期，且地方政府发行主体的信用资质未出现明显变化。在此情况下，投资者对于债券投资具有明显逐利性，投资者投标交易热情应随利率上升幅度的增加而逐渐上升，从而抬高投标倍数。

而如图 6 所示，各省加权平均票面利率升水幅度与投标倍数变化整体偏离应有的市场规律，加权平均票面利率升水幅度最高的省份（湖北）投标倍数反而有所下降；而加权平均票面利率基本不变的省份（如吉林）投标倍数反而明显上升。地方债券整体利率水平与投资者的投标热情变化未体现出正常的逐利性市场规律。这一现象表明,地方政府债一级市场定价过程中存在着吸引投资者的非市场化利好因素,能够使投资者的认购热情独立于票面利率而存在。与此同时,此类特殊性利好因素并未在票面利率中得到体现,无法惠及二级市场投资者,故承销商只愿意以较低的回报率在一级市场认购地方政府债券,却无法以合理的价格使地方政府债参与二级市场交易。因此,投资者进行地方政府债交易的意愿整体较低,最终降低了其二级市场流动性。

(四)持有者结构较为单一

不同投资主体对于债券的交易偏好相差较大,因此投资者结构对债券二级市场流动性的影响不可小觑。在此,我们依然以国开债为例,与地方政府债进行比较分析。

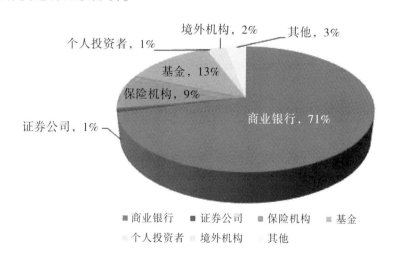

图 7　2016 年国开债持有者结构比例

数据来源:中国债券信息网

如图 7 所示,国开债的持有者涵盖了商业银行、证券公司、基金公司、保险机构、境外机构及个人投资者等,不同投资主体的交易偏好差异较为明显,投资者结构整体凸显了多元化特征。

尽管商业银行是国开债最大的持有主体(占比约71%),但基金公司(占比约13%)、保险公司(占比约9%)、境外机构(占比约2%)等其他持有者的加入却大大丰富了投资者结构,活跃了国开债的二级市场交易。相比商业银行持有至到期的交易偏好,证券公司、基金公司及其他非银行金融机构则更多倾向于二级市场交易,而以交易偏好为主的投资者有利于提高二级市场现券交易量,从而提升二级市场流动性。

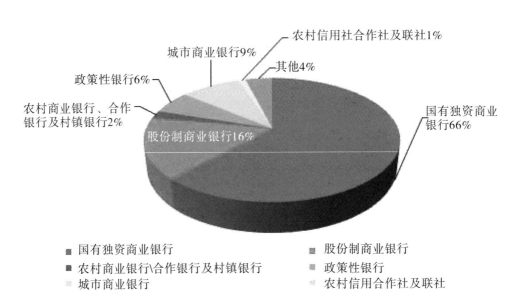

图8　2016年地方政府债持有者结构比例

数据来源:中国债券信息网

图8展现的为地方政府债持有者结构比例。与国开债相比,地方政府债持有者结构较为单一,几乎全部为银行类机构投资者,保险公司等非金融机构企业基本不参与地方政府债的承销。在这其中,尤以国有独资商业银行和股份制商业银行为最大持有主体,两者占比总和达到80%以

上,在地方政府债持有者中占据绝对主导地位。

由于商业银行具备自身资产量充足、资产持有成本低、资产久期较长等特点,其多以债券持有至到期为目的,更倾向于寻求长期资产配置而非交易需求;加之缺少多元化投资主体弥补银行类金融机构缺乏的交易需求,地方政府债的二级市场交易量明显偏低。单一的持有者结构禁锢了地方债的交易流通,很大程度上限制了地方政府债券二级市场的流动性。

以上分析可见,债券的持有者结构很大程度上决定了二级市场的交易活跃度。单一的以持有至到期为目的的机构投资者会影响债券正常流通,而以交易偏好为主的投资者则有利于活跃二级市场。因此,缺乏多元化的持有者结构不利于提升地方政府债的二级市场流动性。

(五)定向承销发行的地方政府债交易受限

按照规定,目前采用定向承销发行的地方政府债暂不可在银行间市场和交易所市场进行现券交易,因此基本不具备二级市场流动性。2015年以来,定向承销债券的发行额度迅猛增长,截至 2016 年 12 月 31 日,以定向承销方式发行的地方政府债的发行额度占比已达到地方债发行总额的 26.11%。由于数量庞大的定向承销债券无法参与二级市场交易流通,使得地方政府债的整体流动性受到很大限制。

(六)公开市场操作尚未将地方政府债纳入质押库

虽然地方政府债被允许纳入中央国库和地方国库现金管理抵押品的范围,并成为央行 SLF、MLF 和 PSL 接受的合格抵押品,但其尚未被纳入央行公开市场操作质押库,整体流通范围受到了较大程度的限制。未被纳入公开市场操作质押库导致地方政府债在二级市场交易中的认可度受到制约,不利于提升其二级市场流动性。

四、提高地方政府债二级市场流动性的建议

(一)启动续发行机制

续发行作为地方政府债发行方式创新的有效手段之一,应引起各地方政府的重视。为了进一步提升地方政府债的二级市场流动性,可以考虑借鉴当前国债、政策性金融债发行的先进经验,在今后的地方政府债发行工作中适时引入续发行机制。对发行规模较大、频率较高的地方政府债,发行人可在与承销团成员充分沟通的基础上,合理设计地方政府债续发行期限品种、规模和续发行次数,在适当增大单期债券规模的同时,避免出现单次兑付规模过大的情况。

通过续发行机制,地方政府能够提高单一债券定价频率,增加单一债券发行规模,使二级市场具备充足供给,激发投资者交易积极性,提升二级市场流动性。

(二)进一步完善一级市场定价机制

目前,地方政府债的发行仍包含了部分行政干预因素,市场化定价机制有待进一步健全。一方面,对于各地方政府在区域经济发展、债务偿还能力、社会治理水平等方面的差异,应通过地方政府债的主体评级、利率上浮水平等方面进行体现。另一方面,地方政府应减少使用行政手段或非市场化的特殊利好因素(如地方国库现金激励)干预债券的一级市场定价。在定价过程中,发行人应鼓励承销商合理、自主参与竞争性投标,同时参考中债地方债收益率曲线,确定最终债券价格,以便使地方政府债获取具有普遍认可度的市场价值。只有市场价值被广泛认可,才有助于激

发投资者的交易热情,提升债券整体流动性。

(三)丰富投资者结构

目前,我国地方政府债的持有者过度集中于银行体系,结构较为单一。为进一步挖掘债券的交易需求,各地方政府应考虑拓宽投资者类型、丰富持有者结构。一方面,切实推动地方政府在上海自贸区发行地方债,大力支持保险公司、基金公司等非银行金融机构甚至外资机构等合格的机构投资者购买地方政府债券,提升非银行投资者的持有比例;另一方面,也可考虑依托现有的商业银行柜台进行交易流通,吸引更多个人投资者参与。当然,对面向公众投资者发行的地方政府债,应制定更严格的标准和更高的准入门槛,充分保护公众投资者的利益。地方债投资者的多元化能够很大程度上降低投资者的同质性,激发交易需求,提升市场流动性。

(四)扩大地方政府债的质押流通范围

未被纳入央行公开市场操作质押库以及定向承销债券不可进行流通是地方政府债流通范围受限最典型的表现。随着地方政府债的持续发行,市场上地方政府债保有量也逐渐扩大,若能以此为契机,推动建立统一的地方政府债交易市场,扩大地方债作为质押担保的流通范围,将对提高地方政府债在银行间市场交易质押认可度具有重要意义。而质押流通范围的拓展可较大程度上增强地方政府债的营利性,以提升其二级市场流动性。

(五)丰富债券交易品种并发展配套衍生产品

为满足投资者对地方政府债不同期限种类、付息兑付方式的多元化资产管理需求,提高地方政府债流动性,需要进一步拓展地方政府债的交易品种,并发展相关的金融衍生产品。

首先是拓展地方政府债的期限品种,除了目前常见的 3 年、5 年、7 年和 10 年期品种外,建议适当补充发行 1 年、2 年期债券。其次,要扩展付息兑付方式,丰富浮动利率债券品种,考虑引入投资人选择权、发行人选择权以及按期偿还本金等机制。最后,可以充分利用债券远期和期货期权等避险方式将地方政府债进行二次债券化,即地方政府债作为基础资产,以其产生的现金流为基础再次发行证券,在增强地方债流动性的同时丰富债券市场的投资品种,缩短债券市场的成长周期。

五、总结

整体而言,我国地方政府债的一级市场处于迅速发展阶段,其发行定价机制也在日益健全。在此阶段,应注重统筹考虑多方面因素,从发行机制、发行人及投资者等不同维度出发,激发各市场参与者的交易热情,在构建公开透明的一级市场的同时提振地方政府债的二级市场流动性,以促进我国地方政府债及整个债券市场长期健康发展。

参考文献:

[1]何姗.地方政府债务管理:国外经验借鉴[J].应用经济学评论,2013(1).

[2]吕尚峰.地方债流动性问题及其在担保品管理中的运用[J].债券,2016(9).

[3]马金华.地方政府债务:现状、成因与对策[J].中国行政管理,2011(4).

[4]邵皖宁.地方政府债券发行的影响及相关建议[J].金融发展研究,2015(11).

[5]孙国锋.政府债券市场的管理体系和做市商制度[J].环球金融,2000(5).

[6]吴冬雯,邵威,贾赢,陈航.2016 年地方政府债券交易分析及流动性改善建议[J].中国

财政,2017(8).

[7]汪慧.我国地方政府债流动性问题探析[J].福建论坛(人文社会科学版),2016(8).

[8]王文卓,郑蕾,管宇晶.美国加强地方政府债券流动性的做法及启示[J].金融时报,2016(5).

[9]王永钦,陈映辉,杜巨澜.软预算约束与中国地方政府债务违约风险:来自金融市场的证据[J].经济研究,2016(11).

[10]易千.主要发达国家政府债务规模和风险问题研究[J].财政部科学研究所周刊,2013(5).

[11]朱琳琳,董雪艳,杨艳秋.关于我国地方政府发行债券问题的研究综述[J].改革之窗,2012(10).

[12]朱小川.地方政府债券制度比较:类型和模式[J].债券全球视点,2015(6).

[13]财政部,中国人民银行,银监会.关于2015年采用定向承销方式发行地方政府债券有关事宜的通知(财库〔2015〕102号).

城投债募投项目模式研究

贾 舍 王晓博 赵羚宇 郁 露

摘 要:目前市场上围绕城投债进行研究的文章不胜枚举,研究内容涉及地方债务管理政策、城投债违约风险、城投债收益率走势等,但对于城投债募投项目的相关研究屈指可数。这一方面是因为部分债券品种的发行政策不强制要求债券绑定募投项目,另一方面原因是市场对于城投债偿债能力的判断更多是侧重于发行人主体信用资质而非募投项目优劣。本文通过对城投债发展现状和募投项目模式进行分析,归纳出城投债募投项目常见类型及特征,并认为募投项目收入作为债券还本付息的第一道保障措施,其投产情况和收益水平与债券偿债资金的稳定性和对本息的覆盖程度存在着直接关系。同时,鉴于债券资金使用情况也是主管部门和中介机构进行存续期管理和督导的重点方向之一,本文对城投债相关参与者提出了一些建议。

关键词:城投债 募投项目模式 偿债能力 存续期监管

一、城投债概况

城投企业在市场上也被称为地方政府投融资平台类企业,是由地方政府以及其部门和机构通过财政拨款、注入土地和股权等资产方式设立,承担政府投融资功能,拥有独立法人资格的经济实体。1994 年开始,中国开始实施中央与地方政府分税体制,改变了以往财权和事权过分集中于中央政府的局面,地方政府在分权理念的安排下,有了较大的自主权。与此同时,分税制改革下地方政府留存的地方税有限,无法维持地方政府财政支出,且 1994 年老预算法规定地方政府不得发行地方政府债券,随着 21 世纪初中国 GDP 在投资拉动下的迅猛增长,固定资产投资成为对 GDP 的主要拉动方式,各地方财力不足和经济的快速增长形成矛盾,从而形成了投资需求与融资的对立,当中央国债转贷地方明显不足以支撑大规模的基础设施建设投入,各地随即成立了地方政府投融资平台,打开了通过政府注资的法人实体进行银行借款与举债的通道。

城投债,又称准市政债或平台债,是指由地方融资平台发行的债券,涵盖了大部分企业债券、部分非金融企业债务融资工具和公司债。1992 年,我国第一只城投债浦东新区建设债发行,金额 5 亿元,从 1992 年到 2008 年,城投债券并没有经历爆发式的发展。

2008 年,美国次贷危机下的金融危机爆发,在 4 万亿投资规模下,加之融资模式调整,间接融资转直接融资的要求,地方政府投融资平台开始大规模发行债券,支持基础设施建设,使得 2008—2009 年两年间地方政府投融资平台发展达到鼎盛。2009 年初中国人民银行和银监会联合发布《关于进一步加强信贷结构调整促进国民经济平稳较快发展的指导意见》,提出"支持有条件的地方政府组建投融资平台,发行企业债、中期票据等融资工具,拓宽中央政府投资项目的配套资金融资渠道。"进一步明确了中央政府对投融资平台类公司发展的肯定和鼓励。

在一系列的刺激政策下,地方政府投融资平台债务余额在 2009 年末达到 7.38 万亿元,同比增长了 70.4%,而地方政府投融资平台债务运作不规范、投融资平台变相担保导致代偿风险不断增加。2010 年 6 月,国务院发布《加强地方政府融资平台公司管理有关问题的通知》(国发〔2010〕19 号,以下简称 19 号文),对投融资平台公司进行分类清理,同时加强对融资平台公司的融资管理和银行金融业金融机构的信贷管理,明确对承担有稳定经营性收入的公益性项目融资任务的融资平台公司,按照《公司法》规定充实资本金、完善治理结构并实现商业运作。19 号文进一步收紧了城投公司银行贷款渠道,更多的城投公司融资需求转而流向城投债。

2011 年中央经济工作会议提出"稳增长、抓改革"的思想方针,城投债迎来了最好的时代,在政策的扶持下,投向保障性住房等民生领域的城投债规模开始快速增长,带动城投债发行提速。根据 Wind 数据统计,2012—2013 年城投债分别发行 9670.3 亿元和 10426.3 亿元,其中 2012 年较 2011 年城投债规模同比增长 143.19%。

2013 年政府债务审计,地方政府债务占 GDP 的比重达到 32%,其中地方政府融资平台债务 1.1 万亿元,大量的城投债务成为政府性隐性债务难以辨别,且给财政带来巨大压力,在此背景下,2014 年 9 月,国务院发布《国务院关于加强地方政府性债务管理的意见》(国发〔2014〕43 号,以下简称 43 号文),剥离融资平台公司政府融资职能,融资平台公司不得新增政府债务。结合新预算法,对于公益性项目,其融资未来依靠于地方政府发债,而有收益的项目则可对应城投公司发行债券或是引入社会资本,实施 PPP 模式。

受 43 号文影响,2015 年上半年城投债发行规模急剧减少,但随着下半年国家发改委一系列加快审核程序、简化审核指标政策的推出,其中比较有代表性的两个文件是《国家发展改革委办公厅关于充分发挥企业债券融资功能支持重点项目建设促进经济平稳较快发展的通知》(发改办财金〔2015〕1327 号)和《国家发展改革委办公厅关于简化企业债券审报程序加强风险防范和改革监管方式的意见》(发改办财金〔2015〕3127 号,以下简称 3127 号文),加之公司债改革扩容的影响,2015 年下半年到 2016 年,城投债发行规模全面回升,2016 年城投债发行总规模达到 1.15 万亿元,为历年之最。

2017 年 4 月,财政部发布《关于进一步规范地方政府举债融资行为的通知》(财政〔2017〕50 号),在 43 号文基础上进一步强调和规范了融资平台公司融资行为,之后又相继出台了《关于坚决制止地方以政府购买服务名义违法违规融资的通知》(财预〔2017〕87 号)和土地储备、收费公路两个专项债券的管理办法,这意味着城投公司的市场化转型已迫在眉睫。

目前城投债涵盖了三个信用品种,以国家发改委审批的企业债券为主,交易商协会注册的中期票据和交易所审批的公司债也包括城投债券,但占比较小。从募投项目要求来说,企业债券区别于其他品种的信用债,需要有一个符合国家产业政策的募投项目(基础设施建设项目)作为依托,募集资金主要用于募投项目的建设,区别于城投公司发行的中期票据、公司债券等募集资金主要用于补充运营资金和偿还银行借款,相对应的,企业债券作为用于募投项目建设部分募集资金的第一偿债来源为募投项目所产生的收益,而非单纯地依靠城投公司依托于自身经营财务能力来偿债。因此,本文选取企业债券中的城投债作为样本进行研究。

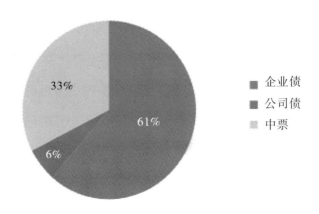

企业债

公司债

中票

33%

61%

6%

图1　截至2016年底,各信用品种城投债分布情况(公开发行)

二、城投债募投项目常见类型

43号文中明确规定,对于没有收益的公益性事业发展确需政府举借一般债务的,由地方政府发行一般债券融资,主要以一般公共预算收入偿还。有一定收益的公益性事业发展确需政府举借专项债务的,由地方政府通过发行专项债券融资,以对应的政府性基金或专项收入偿还。国家发改委在《关于进一步改进和规范企业债券发行工作的几点意见》也明确,企业与政府签订的建设—移交(BT)协议收入和政府指定红线图内土地的未来出让收入返还,按照43号文件精神,不能作为发债偿债保障措施。总的看来,企业债券募投项目的范围还是非常广泛的,只要是符合国家产业政策和行业发展方向的项目,都可以作为城投公司的募投项目来申报企业债券,但前提是项目自身运营能产生一定的收益,不能为公益性项目,同时 BT 收入和土地出让收入不能作为募投项目收入来源。以下以《产业结构调整指导目录》为依据,列举了目前常见的城投债募投项目类型。

(一)保障房

1.保障房政策("产业结构调整指导目录"中其他服务业)

保障房项目是指国家为抑制房价,解决老百姓住房问题,在一定的时间、质量和费用的要求下,对中低收入家庭实行分类保障,提供限定供应对象、建设标准、销售价格或租金标准的具有社会保障性质的住房,并按一定程序完成的一次性任务。

自中华人民共和国成立到 1978 年间,我国住房保障制度一直是统一管理统一分配。在 1994—1997 年现代住房保障制度的起步阶段,首次提出建立市场和保障"双轨制"住房供应体系。其后 1998—2002 年的住房保障制度体系发展阶段,市场经济配置住房从此真正开始。根据文件精神,城镇高中低收入阶层分别对应于商品住房、经济适用住房和政府或单位提供的廉租住房。1999 年建设部颁布《城镇廉租住房管理办法》,对廉租房的性质和保障对象等作了规定。2003 年《国务院印发关于促进房地产市场持续健康发展的通知》中,明确了经济适用住房是具有保障性质的政策性商品住房,第一次把之前大量建设的经济适用房定义为保障性政策性住房。2007 年,国务院下发《关于解决城市低收入家庭住房困难的若干意见》(〔2007〕24 号,以下简称 24 号文),提出了解决低收入家庭住房困难工作的指导思想和总体要求:以廉租住房制度为重点,加快建立住房保障体系。24 号文对廉租住房和经济适用住房的保障对象、保障面积、土地政策、税收政策、准入和退出等规定较完备。至此,我国住房保障体系基本建立。

2015年国务院发文《国务院关于进一步做好城镇棚户区和城乡危房改造及配套基础设施建设有关工作的意见》（国发〔2015〕37号），要求各地方政府的工作目标为，制定城镇棚户区和城乡危房改造及配套基础设施建设三年计划（2015—2017年），加大棚改配套基础设施建设力度，使城市基础设施更加完备，布局合理、运行安全、服务便捷。

同时，创新融资体制机制。包括推动政府购买棚改服务。推广政府与社会资本合作模式，在城市基础设施建设运营中积极推广特许经营等各种政府与社会资本合作（PPP）模式。构建多元化棚改实施主体，鼓励多种所有制企业作为实施主体承接棚改任务。

国务院于2017年1月23日颁布的《"十三五"推进基本公共服务均等化规划》中谈到，"十三五"时期基本住房保障发展目标为，到2020年，城镇棚户区住房改造达到2000万套，建档立卡贫困户、低保户、农村分散供养特困人员、贫困残疾人家庭等4类重点对象农村危房改造585万户。在"第九章基本住房保障"中提到，国家建立健全基本住房保障制度，加大保障性安居工程建设力度，加快解决城镇居民基本住房问题和农村困难群众住房安全问题，更好保障住有所居。本领域服务项目共3项，具体包括：公共租赁住房、城镇棚户区住房改造、农村危房改造。

2.保障房项目建设内容及收益模式

保障房项目一般包括定向安置房、棚户区改造、公租房、经济适用房、两限房等形式。一般来说，保障房建设和棚户区改造项目会纳入省级、地市或者县级改造计划。

保障房项目主要建设内容包括：保障房住宅主体，是定向销售给拆迁户的保障房、安置房、还建房;配套商业,一般为商业底商形态;配套基础设施,如室外给排水、消防、道路、绿化、供电、照明、天然气及相关配套设施等;小区配建停车场,形式一般为出租或者出售。

保障房项目收入主要来源于保障房、配套商业、停车位等的出售或出租收入及政府可能给予的补贴收入。

棚户区改造涉及拆迁工作的,拆迁补偿形式分为实物化补偿和货币化补偿。货币化安置是指拆迁人将应当用以安置的房屋按规定折算成安置款,由被拆迁人选购住宅房屋自行安置的方式;实物化安置就是拆一还一,仍然在原地段或者另一地段,按照地价的差异折合成相同价值的保障性住房。实际操作中也有两者结合的形式,目前在地方房地产库存压力普遍较大的背景下,地方拆迁工作以货币化安置为主。

(二)养老设施

1.养老行业政策("产业结构调整指导目录"中其他服务业)

2013 年,国务院发布了《加快发展养老服务业的若干意见》,明确提出我国养老服务业的发展目标是到 2020 年,全面建成以居家为基础、社区为依托、机构为支撑的,功能完善、规模适度、覆盖城乡的养老服务体系。养老服务产品更加丰富,市场机制不断完善,养老服务业持续健康发展。

意见中提出大力加强养老机构建设,特别是支持社会资本力量参与养老设施建设,并鼓励政府向社会力量购买养老服务。此外,积极推进医疗卫生与养老服务相结合,各地要促进医疗卫生资源进入养老机构、社区和居民家庭。卫生管理部门要支持有条件的养老机构设置医疗机构。

2013 年民政部先后颁布《养老机构设立许可办法》和《养老机构管理

办法》，明确了养老机构的设立条件。

2014 年，国土资源部为保障养老服务设施用地供应，规范养老服务设施用地开发利用管理，制定了《养老服务设施用地指导意见》，其中规定养老服务设施用地在办理供地手续和土地登记时，土地用途应确定为医卫慈善用地，其他用地中只能配套建设养老服务设施用房并分摊相应的土地面积。

同时，根据指导意见要求，养老服务设施用地以出让方式供应的，建设用地使用权出让年限按最高不超过 50 年确定。养老服务设施用地内建设的老年公寓、宿舍等居住用房，可参照公共租赁住房套型建筑面积标准，限定在 40 平方米以内；向符合养老申请条件的老年人出租老年公寓、宿舍等居住用房的，出租服务合同应约定服务期限一次最长不能超过 5 年，期限届满，原承租人有优先承租权。

2015 年，国家发改委推出养老产业专项债券，并配套发布《养老产业专项债券发行指引》，不仅对养老项目的审核指标有所放松，还明确鼓励发债企业可使用债券资金改造其他社会机构的养老设施，或收购政府拥有的学校、医院、疗养机构等闲置公用设施并改造为养老服务设施。

2017 年 8 月，国家发改委推出《社会领域产业专项债券发行指引》，其中包括养老产业专项债券，主要用于为老年人提供生活照料、康复护理等服务设施设备，以及开发康复辅助器具产品用品项目。

2.养老项目建设内容及收益模式

养老项目以建设养老院、养老公寓、养老宿舍、老年活动中心为主，同时可以辅助配套建设医疗、康复中心或康复医院（规模不宜过大，需符合养老机构根据服务需求和自身能力开展医疗服务的相关规定）。

养老项目收入主要来自于养老院、养老公寓的出租收入,根据《养老服务设施用地指导意见》规定,一次租期不能超过5年;老年活动中心的消费项目收入和店铺出租收入。如项目配套建设医疗设施,则项目收入中包括医疗、康复中心/医院的康复理疗、养生保健及体检等收入。

(三)旅游类项目

1.旅游行业政策("产业结构调整指导目录"中旅游业)

2014年8月,国务院发布了《关于促进旅游业改革发展的若干意见》(国发〔2014〕31号,以下简称31号文),指出加快旅游业改革发展对于提高人民生活质量、培育和践行社会主义核心价值观具有重要作用。31号文从5个方面提出旅游产业发展的下一步目标,包括加强旅游基础设施建设,集中力量开发建设一批新的自然生态环境良好、文化科普教育功能完善、在国内外具有较强吸引力的精品景区和特色旅游目的地。

31号文中还明确加大财政金融扶持,支持符合条件的旅游企业上市,通过企业债、公司债、中小企业私募债、短期融资券、中期票据、中小企业集合票据等债务融资工具,加强债券市场对旅游企业的支持力度。

2015年,国土资源部会同住房和城乡建设部和国家旅游局发布《支持旅游业发展用地政策的意见》,其中对旅游相关用地做出规定,旅游相关建设项目用地中,用途单一且符合法定划拨范围的,可以划拨方式供应;用途混合且包括经营性用途的,应当采取招标拍卖挂牌方式供应。鼓励以长期租赁、先租后让、租让结合方式供应旅游项目建设用地。

2017年8月,国家发改委推出《社会领域产业专项债券发行指引》,其中包括旅游产业专项债券,主要用于旅游基础设施建设、旅游产品和服务开发等项目。

2.旅游项目建设内容及收益模式

旅游项目一般包括旅游特色小镇、主题公园和旅游景区建设等,具体建设内容主要为旅游基础设施工程、游客服务中心、旅游主题项目,配套商业设施等。

旅游项目收入来源以景区门票销售为主,配套自费项目经营收入,餐饮、购物、停车费收入。景区门票定价分为政府指导价管理的和市场调节价两种模式。

(四)农业项目

1.农业行业政策及模式("产业结构调整指导目录"中农林类)

农业类项目城投公司涉及较少,但在一些以第一产业收入为主的区县,城投公司也会涉及农产品设施的建设和生产,以带动当地农业发展方式的创新。

2015 年 12 月,国务院办公厅发布《关于推进农村一二三产业融合发展的指导意见》,指出推进农村一二三产业融合发展,是拓宽农民增收渠道、构建现代农业产业体系的重要举措,是加快转变农业发展方式、探索中国特色农业现代化道路的必然要求。指导意见中强调发展多类型农村产业融合方式,围绕着力推进新型城镇化、加快农业结构调整、延伸农业产业链、大力发展农业新型业态、拓展农业多种功能、引导产业集聚发展几个维度分别阐述了提高农业活力的增长点。

2017 年 8 月,国家发改委为贯彻落实《国务院办公厅关于推进农村一二三产业融合发展的指导意见》,发布《农村产业融合发展专项债券发行指引》,其中专项债券支持五类农业项目,分别是产城融合型农村产业融合发展项目、农业内部融合型农村产业融合发展项目、产业链延伸型农村产业融合发展项目、农业多功能拓展型农村产业融合发展项目和新技术渗透型农村产业融合发展项目。

农业项目建设内容以专项债涉及领域为主,主要为农牧产品的种植养殖、加工、仓储和销售等设施。农业项目收入以农牧产品的销售收入和加工产品的销售收入为主。

(五)物流园区

1.物流园政策("产业结构调整指导目录"中现代物流业)

2008年,商务部发布了《关于加快流通领域现代物流发展的指导意见》,明确指出将加大对物流园区建设的政策支持。

2009年,国务院印发了《物流业调整和振兴规划》,把"物流园区建设"纳入重点工程,且在同月的《国民经济和社会发展第十二个五年计划纲要》中再次强调物流园,物流园得到进一步重视。

2011年,国务院出台了物流业国八条,同年《国务院办公厅关于促进物流业健康发展政策措施的意见》出台,加大了对物流园区建设的土地政策支持力度。

2013年9月,国家发展改革委等12个部门出台我国第一个物流园区专项规划《全国物流园区发展规划》。国家高度重视物流业发展,物流园总量较快增长,类型不断丰富,功能日趋完善。

2014年9月,国务院发布《物流业发展中长期规划》,指出我国布局合理、功能完善的物流园体系尚未确立,为使得物流基础设施及运作方式衔接更加顺畅、物流园区网络体系布局更为合理,使得物流行业保持较快发展,我国将着力加强物流基础设施网络建设。此外,将物流园区工程纳入重点工程,推进技术发展,提高技术水平,结合区位特点和物流需求发展物流园区,发挥其带头作用。

2.物流园的建设内容和盈利模式

物流园建设内容包括:物流园主体及管理辅助区,例如商贸物流中心、仓储配送中心;配套服务设施,例如办公楼、食堂、职工宿舍等;配套基础设施,例如照明、道路及广场、绿化、配电、给水排水以及其他室外工程等。

物流园收入主要来源于商贸物流中心、仓储配送中心等物流厂房的出租出售收入(主要形式一般是物流中心),配套用房的出租出售收入(办公、宿舍、食堂、综合楼等)、物业费收入等。

(六)产业园

1.产业园政策("产业结构调整指导目录"中其他服务业)

2006 年产业信息部发布了《支持国家电子信息产业基地和产业园发展政策》,指出国家将为基地园区的重点项目建设和国家项目配套提供支持。

2007 年国家发改委发布了《国家发展改革委关于促进产业集群发展的若干意见》,旨在促进产业集群又好又快发展,大力实施中小企业成长工程,整合提升各类开发区(包括经济开发区、高新区和工业园区等),促进特色产业集聚发展。

2011 年国务院印发了《工业转型升级规划(2011—2015 年)》,加强对工业园区发展的规划引导,提升基础设施能力,提高土地集约节约利用水平,促进各类产业集聚区规范有序发展。

2016 年国家发改委颁布《关于贯彻落实区域发展战略促进区域协调发展的指导意见》,提出加强对重点地区产业转移的政策引导,支持承接产业转移示范区建设,进一步优化产业空间布局,引导产业集聚发展。

2016年年末,国务院印发了《"十三五"国家战略性新兴产业发展规划》,指出要促进战略性新兴产业集聚发展,构建协调发展新格局,且要推进战略性新兴产业开放发展,拓展合作新路径,以发达国家和"一带一路"沿线国家为重点,建设双边特色产业国际合作园区,引导龙头企业到海外建设境外合作园区。

2.产业园的建设内容和盈利模式

产业园建设内容包括:产业园主体和管理辅助区,即标准厂房、生产辅助用房,具体包括加工用房、辅助用房、检测中心、机修中心、成品仓库等;配套服务设施,包括办公楼、研发楼、会议及产品展示中心、职工宿舍、食堂、活动中心、综合楼、停车场等;配套基础设施,包括照明、道路及广场、绿化、配电、给水排水以及其他室外工程等。产业园区土地用途一般为工业用地(属于工矿仓储用地)。

产业园项目收入主要来源于标准厂房、加工用房的出租出售收入,辅助用房的出租出售收入,配套用房的出租出售收入(办公研发、宿舍、食堂、综合楼等)。

(七)水务类项目

1.水务行业政策("产业结构调整指导目录"中水利类)

水务行业是最重要的城市基础服务行业之一,刚性需求较大,对于保障人民基本生活水平、综合治理环境污染具有重大意义。水务行业是由原水、供水、节水、排水、污水处理及水资源回收利用等多个环节构成的产业链条。

根据国务院颁布的《城市供水条例》《城镇排水与污水处理条例》,国家鼓励采取特许经营、政府购买服务等多种形式,吸引社会资金参与投资、建设和运营城镇排水与污水处理设施。地方主管部门应根据当地水文环境,编制各地供水水源开发利用规划、城镇排水与污水处理规划。同时,国家发改委、水利部、财政部、卫生计生委、环境保护部、住建城乡建设部等六部委联合发布的《关于做好"十三五"期间农村饮水安全巩固提升及规划编制工作的通知》,要求各省制定《农村饮水安全巩固提升工程"十三五"规划》,要求到 2020 年,全国农村饮水安全集中供水率达到85%以上,自来水普及率达到 80%以上;水质达标率有较大提高;小型工程供水保证率不低于90%,其他工程供水保证率不低于95%。推进城镇供水公共服务向农村延伸,城镇自来水官网覆盖村的比例达到33%。健全农村供水工程运行管护机制,逐步实现良性可持续运行。

2.水务项目建设内容和盈利模式

水务类项目因其环节较为多元,种类也较多,主要包括供水类、污水处理类、水环境治理类等。供水类项目的建设内容主要包括供水厂、供水管道、泵站、水库等建设工程;污水处理类项目主要建设污水处理厂、污水处理管道、污水处理设备、泵站等;水环境治理类项目主要包括河道清淤、海岸线修复、堤坝等滞洪工程的修建,以及治理后旅游景区、疗养场所或配套商铺的修建。

水务行业属于资本密集型较高的行业,前期水利工程及输水管网的建设投资较大,而后期运营成本相对较小。同时,该类项目运营周期较长(通常 20 年以上),年均的销售收入较少。

水务类项目主要的收入来源为原水费、取水费、污水处理费等,许多项目也依赖一定比例的财政专项补贴。具体情况如下:

（1）对于仅修建水库、改善水源质量的工程项目，应只收取原水费。

（2）对于仅修建或完善供水设施的工程项目，应只收取取水费，即从供水定价中扣除原水费、污水处理费等费用。

（3）对于污水处理项目，应收取污水处理费用。根据国家财政部、国家发改委和住房城乡建设部印发的《污水处理征收使用管理办法》（财税〔2014〕151号），污水处理费应由城镇排水主管部门委托公共供水企业在收取水费时一并代征，由城镇排水主管部门征缴入库，专门用于城镇污水处理设施的建设、运行和污泥处理处置。根据国家发改委、财政部、住房城乡建设部印发的《关于制定和调整污水处理收费标准等有关问题的通知》（发改价格〔2015〕119号），污水处理收费标准应按照"污染付费、公共负担、补偿成本、合理盈利"的原则，综合考虑本地区水污染防治形势和经济社会承受能力等因素制定和调整。

（八）商贸服务类项目

1.商贸服务行业政策和模式（"产业结构调整指导目录"中现代物流业）

2014年3月，国家发改委发布了《国家新型城镇化规划（2014—2020)》，对推进农业转移人口市民化、优化城镇布局和形态、提高城市可持续发展能力、推动城乡一体化发展、改革完善城镇化发展体制机制等方面进行了中长期系统规划。

企业债券对于惠及民生、拉动城乡一体化经济发展的商贸服务类项目，诸如农产品批发交易市场、旧货市场、农副产品物流园、商贸城等予以融资支持。该类项目主要建设内容为集中交易市场、保鲜库（冷库）、物流配送中心、货物装卸区等，同时配建办公及配套用房、公用基础设施、停车位、广告牌等。项目用地类型主要为商服用地。

该类项目主要收入为市场摊位出租收入、保鲜库出租收入、办公楼出租收入、停车位出租收入或广告费收入等。

(九) 停车场建设项目

1.停车场项目政策（"产业结构调整指导目录"中城市基础设施）

作为城市基础设施的重要组成部分，停车设施的发展和建设与人民群众的日常生活息息相关。随着城镇化的快速发展，居民生活水平的不断提升，私家车数量逐年攀升，"停车难"已成为众多城市的普遍现象。为此，2015年8月，国家发展改革委、财政部、国土资源部、住房和城乡建设部、交通运输部、公安部和银监会七大部委下发了《关于加强城市停车设施建设的指导意见》，要求将停车管理作为交通需求管理的重要手段，充分调动社会资本积极性，加快推进停车设施建设，有效缓解停车供给不足。国家住房和城乡建设部编制并印发了《城市停车设施建设指南》，对停车场建设、停车换乘、电动汽车充电、停车智能技术等方面提出了具体要求。

为进一步促进新能源汽车产业发展，2015年9月，国务院办公厅印发《关于加快电动汽车充电基础设施建设的指导意见》，提出到2020年，基本建成适度超前、车桩相随、智能高效的充电基础设施体系，满足超过500万辆电动汽车的充电需求。

为进一步加大企业债券对城市停车场建设及运营的支持力度，2015年4月，国家发展改革委办公厅印发《城市停车场建设专项债券发行指引》，引导和鼓励社会资本支持城市停车基础设施建设，对发债企业的资质和募投项目的要求进一步放宽。

2.停车场项目建设内容及收益模式

一般地，停车场项目的建设内容通常包括城市公共停车场（地面停车场、地下车库）、旅游景区公共停车场（地面停车场、地下车库）、住宅小区内部的私人停车位、智能停车楼（库）、充电基础设施、车行通道、出入口等，可配建部分商铺和广告牌等。如停车位用于出售，项目用地需办理出让手续，取得土地使用权证；如用于出租，则可为划拨用地。另外，停车场专项债券的募集资金可用于收购已建成的停车场，但比例不得超过募集资金的50%。

停车场项目的收入来源主要为停车位的出租或出售收入、充电服务费收入、商铺出租或出售收入、广告牌出租收入。根据《城市停车场建设专项债券发行指引》，地方价格部门应及时制定和完善停车场收费价格政策，保护城市停车场的合理盈利空间。在增信措施方面，停车场专项债券允许以发行人将项目建成后产生的停车场收费权、专利权或其他收益权利进行抵质押作为增信措施。

（十）油气管道项目

1.油气运输行业政策（"产业结构调整指导目录"中石油、天然气）

2014年，国家能源局印发《油气管网设施公平开放监管办法（试行）》。由于油气行业发展迅速，国家鼓励引导民间资本进入油气领域，但油气管网设施建设、运营主要集中在大型央企，国家为改变垄断格局，引领油气管道领域公平开放，制定该文件。该文件的出台旨在促进油气管网设施公平开放，提高管网设施利用效率，保障油气安全稳定供应，规范油气管网设施开放相关市场行为，在目前行业纵向一体化的体制下，解决上、下游多元化市场主体的开放需求问题。

2016年，国家发展改革委为加强和完善天然气管道运输价格管理，规范定价成本监审行为，制定了《天然气管道运输价格管理办法（试行）》

《天然气管道运输定价成本监审办法(试行)》。两办法出台明确了定价原则,使得管道运输相关定价向精细化、制度化进发。两办法给第三方进入天然气管道运输创造了条件,也督促政府加强价格管理,合理制定和调整运输管网的输配价格。

2016年末,国家发布了《天然气发展"十三五"规划》。该规划指出"十三五"是我国天然气管网建设的重要发展期,要统筹国内外天然气资源和各地区经济发展需求,整体规划、分步实施、远近结合、适度超前,鼓励各种主体投资建设天然气管道。完善四大进口通道,提高干线管输能力,加强区域管网和互联网管道建设。

2017年5月21日中共中央、国务院印发了《关于深化石油天然气体制改革的若干意见》,指出改革油气管网运营机制,提升集约运输和供给服务能力;分步推进国有大型企业干线管道独立,实现管输和销售分开;完善油气管网公平接入机制,油气干线管道、省内和省际管网均向第三方市场主体开放。

2.输气管道的建设内容和盈利模式

输气管道建设内容包括门站、高压/次高压/管道、中压管网、调压站、配套线路阀室等。输气管道收入主要来源于天然气的销售收入,发行人通过赚取天然气销售价格与进价的差价,大量销售,赚取差额收入。

(十一)轨道交通项目

1.轨道交通政策("产业结构调整指导目录"中城市基础设施、铁路、公路)

轨道交通类项目涵盖了铁路、地铁、公路、桥梁等工程的建设,具有投资大、收益低、周期长的特点。"十三五"规划提出,要完善现代综合交通运输体系,坚持网络化布局、智能化管理、一体化服务、绿色化发展,建设国内国际通道联通、区域城乡覆盖广泛、枢纽节点功能完善、运输服务一体高效的综合交通运输体系。根据《国务院关于印发"十三五"现代综合交通运输体系发展规划的通知》(国发〔2017〕11号),2015年末我国铁路营业里程12.1万公里、公路通车里程458万公里、高速公路建成里程12.4万公里、城市轨道交通运营里程3300公里,预计2020年铁路营业里程15万公里、公路通车里程500万公里、高速公路建成里程15万公里、城市轨道交通运营里程6000公里。由此可见,"十三五"期间轨道交通项目建设仍然具有较大的资金需求,企业债券作为期限长、利率低的直接债务融资手段,与轨道交通项目的资金需求匹配性较高,是轨道交通类项目重要的融资手段之一。

地铁项目和收费公路项目是最为常见的轨道交通项目类型。对于收费公路项目,应当符合国家和省、自治区、直辖市公路发展规划,符合该条例规定的收费公路的技术等级和规模。县级以上地方人民政府交通主管部门利用贷款或者向企业、个人有偿集资建设的公路("政府还贷公路"),国内外经济组织投资建设或者依照《公路法》的规定受让政府还贷公路收费权的公路("经营性公路"),经依法批准后,方可收取车辆通行费。

2.轨道交通项目模式

轨道交通项目具有投资成本巨大、回收期较长等特点,因此这类项目较多发行可续期债券,与其20年甚至30年以上的运营期进行匹配。大规模的铁路项目通常发行政府支持债券(铁道债)。伴随着"十三五"提出交通体系绿色化发展的要求,一些地铁项目也响应国家政策要求,发行绿色债券。

在收益方面,轨道交通项目通常由中央或地方政府部门指导定价。由于该类项目存在一定公共事业性,指导定价通常较低。不能覆盖建设成本的部分,通常由中央或地方财政部门进行相应补贴。

（十二）创投类项目投资

1.创投行业政策（"产业结构调整指导目录"中金融服务业）

创业投资是指对新兴的、迅速发展的、有巨大竞争潜力的未上市创业企业进行股权投资,并对创业企业提供特有的资本经营增值服务,以期分享其高成长带来的长期资本增值。

为进一步扶持和鼓励创业和私募股权投资企业的发展,我国近年来先后出台了《创业投资企业管理暂行办法》等一系列法律法规。2015年9月,国务院印发《关于加快构建大众创业万众创新支撑平台的指导意见》,提出众创、众包、众扶、众筹"四众"支撑平台快速发展。此外,随着财政部、国家税务总局对创业投资企业税收优惠政策的公布、创业板推出、新三板扩容等系列政策的推出,创业和私募股权投资企业投资项目退出渠道持续拓宽,为我国创业和私募股权投资行业的发展提供了有利的政策支持。

促进大众创业、万众创新,城投企业通过设立股权投资基金搭建为新兴产业企业服务的平台,可扶持当地中小企业发展。由于创新企业设立及业务开拓初期普遍存在发展资金不足的问题,自身投资资金有限,因此当地城投企业通过设立基金可以引导社会资金加大对创新型企业的投入。

2.创投项目模式

城投企业通过设立投资基金从事投资业务,实现资本增值,一般情况下,基金或以母基金的形式通过设立"子基金"模式进行运作,或采取直接投资模式。对投资期限有严格限定,针对当地产业经济发展特点对投资领域有大体界定,同时基金设立还会对从业人员资质、投资方式、规模限制、风控机制和考核机制进行说明,从而确保投资基金可以实现其经济和社会效益。创业投资实现收益的方式主要依靠有效的退出模式,常见的退出模式有 IPO、企业兼并与收购、出售和回购、管理层收购等。

三、市场机构对于城投债募投项目的判断

(一)评级公司视角

美国专门用于基础设施建设的债券称为项目债券,根据惠誉评级方法 *Rating Criteria for Infrastructure and Project Finance*,用于项目和基础设施领域的债券,其募集资金用于项目,偿债依靠于项目公司和基础设施运营所产生的现金流。其评级思路主要考量项目的完工风险、运营风险、项目未来更新换代情况、国家风险(政治、法律、宏观经济)对项目的天花板效应以及本身债券的因素。

其中运营风险主要是项目运营、维护和运转周期成本超过预期,从而对项目现金流产生的影响,进而造成债券还本付息能力潜在不足。惠誉明确对于运营风险的分析将集中于对项目运营方运营能力、财务健康程度、成本结构等方面的分析。特别对于独立运营的基础设施建设项目(Self-Operated Facilities),惠誉对项目管理方运营经验需要进行全面把控。换言之,惠誉将项目本身的现金流情况分析与项目运营公司的能力

相结合,判断项目运营公司能力对于现金流的影响,完工风险、项目未来更新换代情况更多偏向于对项目本身的考量,通过因素的结合判断项目融资(Project Finance)的具体评级情况。

而穆迪的 *Project Finance Methodology* 明确打分卡运用的项目评级,包括长期商业生存能力和竞争状态、净现金流稳定性(现金流的可预测性、技术和运营风险)、对于特殊事件风险的暴露程度、抵御能力和财务矩阵。其中净现金流的稳定性主要取决于项目收益对债务的保障程度(DSCR)。而穆迪对于项目融资的界定则从项目公司(Project Company)入手,判断其股权支持方、债权支持方、原材料供应商、保险机构、与项目公司签订合同的建设方、与项目公司签订合同的运营商以及影响项目运营的市场。同时,将项目公司运营能力、经验也作为对现金流稳定性、可靠性的直接影响因素。

通过对上述评级方法的分析汇总,对于用于基础设施项目建设的债券,在募投项目未来产生的现金流作为第一偿债来源的前提下,惠誉和穆迪将项目公司运营能力、经验水平作为影响其现金流稳定性、可靠性的因素,并全面分析影响募投项目现金流的各个方面,结合募投项目现金流和项目公司运营等各类情况,综合判断项目融资具体级别。

中国目前并没有单独的企业债券评级方法,也没有针对项目融资的评级方法。城投企业发行企业债券适用的城投/地方政府投融资平台评级方法通常结合城投公司所属地方政府信用、城投公司自身信用水平后判断二者关联程度,从而判断城投公司本身级别。而期限大于 1 年的长期债券一般等同于主体评级级别。这也说明了对于城投公司发行企业债券,国内评级公司并未考虑募投项目收益对债的保障程度。

（二）债券投资机构和债券估值机构视角

目前，债券估值机构在编制收益率曲线及对城投债券进行估值过程中，主要参考因素为市场价格，其中包括一级市场招标、二级市场双边报价和成交，在成交和报价稀缺或真实度较差的情况下，对城投债的估值会参考债券外部评级、发行人主体资质（所属地方政府信用、股东实力和支持力度、发行人自身财务状况等）、外部担保增信情况等。对于一般城投债券，估值机构不考虑募投项目资质及收益情况对债券收益率的影响，对于以项目收益债形式发行的城投债，估值机构会适当把募投项目的收益性作为估值参考因素之一，但主要考虑的还是差额补偿人的差额补偿能力。

二级市场债券投资机构对于城投债资质的分析逻辑，基本同估值机构一致，对于一般城投债券，交易机构基本也不将募投项目收益作为评判债券优劣的因素，更多的是参考发行人主体资质、外部评级水平、债券流动性强弱等因素。

四、关于城投债募投项目的几点建议

1.拓展募投项目模式，助力城投公司转型

财政部相继出台了《关于坚决制止地方以政府购买服务名义违法违规融资的通知》（财预〔2017〕87号，以下简称87号文）和《关于进一步规范地方政府举债融资行为的通知》（财预〔2017〕50号，以下简称50号文），50号文旨在进一步健全规范地方政府举债融资机制，而87号文严格限制了政府购买服务的范围，并且再次强调了先预算后购买的原则，87号文的推出对城投公司传统业务有着很大的冲击，而后财政部又推出了土地储备、收费公路两个专项债券，不得不说，城投公司的市场化转型已迫在眉睫。

拓展城投公司项目模式恰恰成为一个很好的转型方式和契机，城投公司通过尝试新形态业务模式，扩大业务模块和收入，实现自身独立经营。同时，对于已实现市场化运营，不再承担地方政府举债融资职能的城投公司，也可作为社会资本参与 PPP 项目的建设和运营，与政府建立利益共享、风险分担的长期合作关系。因此，拓展业务模式不仅为发行城投债提供了更优质的项目储备，更重要的是为城投公司市场化转型打下坚实基础。

2.建议市场机构加强对募投项目资质的关注

作为企业债券申报要件之一，发行人会被要求出具本期债券募投项目收益优先用于偿还债券本息的承诺函，这说明了募投项目收益是企业债券的第一道偿债保障措施，相比于其他品种用于补充运营资金和偿还银行借款的用途，企业债券的城投品种相当于增加一道偿债保障措施。同时，募投项目所形成的资产或收益权还可以选择为本期债券提供抵质押担保，一旦出现兑付风险时，债权代理人可以申请处置抵押资产来偿还债券本息，减少了违约给债券持有人带来的损失。

因此，对于信用评级公司、债券估值机构，尤其是债券投资机构，在分析或投资城投债时，应该充分关注募投项目投资价值、预期收益情况等相关因素，对于内部收益率较高、市场前景较好的项目，尤其是可以为本期债券提供抵质押担保的项目，在分析该期债券时，可以在发行主体信用基础上起到一定增信作用。

对于项目收益债形式的城投债，因为其募投项目收入账户封闭运行和所形成资产必须为本期债券提供抵质押两个特点,更加为本期债券的还本付息提供强有力保障,因此,建议对于项目收益债着重分析募投项目资质,充分了解项目收入的归集情况和运营成本的扣除情况。

3.建议监管机构加强对项目真实性、合规性的审核和披露,同时进一步完善对资金使用情况和项目建设情况的后续监管

一般认为,发改委审批的企业债对于债券申报阶段募投项目真实性、合规性的审核和披露更为严格,对于募投项目的批复核准文件要求必须齐全,对于募投项目的收益测算要求真实合理,这样做的目的是要保证所投资项目可以达到开工标准并可以带来稳定收益,以覆盖债券本息甚至投资成本。

而交易所和交易商协会对于债券存续期的监管更为严格,以交易所为例,上海交易所会对未按约定违规使用募集资金的行为进行通报批评、公开谴责、记入诚信档案等处罚,近一年,交易所就对泸州工业投资、长兴南太湖投资、伊宁国资、马鞍山开投、淮安机场等城投企业违规使用资金的情况进行不同程度的通报批评,其中淮安机场 2014 年发行的中小企业私募债,约定募集资金用途为全部用于淮安涟水机场二期扩建工程,实际募集资金到账后,发行人将该债券的募集资金一次性转借给了担保人淮安市交通控股有限公司,上交所对淮安民用机场有限责任公司予以通报批评,并记入诚信档案。

因此,各家监管机构有必要相互借鉴,一方面加强对项目土地、规划、环境等方面审核和披露的要求,以保障项目可以顺利实施。另一方面,完善对资金使用情况和项目建设情况的后续监管,按照 3127 号文件中提出的"发行人应加强债券资金专户管理,严格通过专户支付募集资金用于项

目建设;发行人应每半年将债券资金使用情况、工程下一步资金使用计划、募集资金投资项目进展情况(包括项目批复和进展情况)等进行公开披露;主承销商应每半年提供债券资金使用情况分析"等要求,进行全面核查或抽查,以确保募投项目后期正常运营,为债券还本付息提供保障。

最后也建议投资机构重点关注募投项目的真实性、合规性,对于开工情况存疑的项目,建议谨慎投资,因为一旦项目无法开工运营,发行人有较强动力改变约定资金用途,如果变更资金用途方式不合规且被监管机构核查发现,就会面临限制再次申报或注册的处罚(以企业债为例,根据相关规定"发行人若擅自改变前次企业债券募集资金的用途,则不予受理新的发债申请"),甚至会波及其他融资手段,导致再融资链条断裂,爆发偿债危机,因此,城投债投资机构同样十分有必要关注募投项目的真实性、合规性和可行性。

绿色债券国内外发行实务解析

刘　颖　罗邦敏　廖雯雯　鹿宁宁

摘　要：本文基于绿色债券理论成果，从绿色债券发行人视角，经大量一手资料，首次将理论与实务进行紧密融合，并通过国内外绿色债券发行实务对比，分析国内绿色债券发行面临的问题，最后为绿色债券发行工作提供更为切实可行的建议。

关键词：绿色债券　绿色金融　发行　标准认定

绿色债券是近年来债券市场最为重要的创新品种。自 2013 年以来，全球绿色债券市场出现了爆发式增长，2016 年上半年全球绿色债券发行规模达到 860 亿美元。其中中国绿色债券市场贡献显著，发行占比超过 50%。

随着中国金融市场的对外开放，境内企业"走出去"发债和境外机构"走进来"投资的规模和数量都将不断增加。为此，应深入研究国内外绿色债券的产品特点与运行机制，进行比较分析，做到心中有数，才能更有效地利用境外市场融资，吸引境外资金投资，更好地达到促进绿色经济和债券市场开放的目的。

发行环节是绿色债券区别于其他债券的重要环节，充分蕴含了绿色含义及特点，是绿色理论得以"落地"为绿色产品的关键节点。研究绿色债券发行实务，可以给发债企业及相关中介机构提供具有可操作性的依据，明晰绿色要点，明确境内外绿色债券市场的异同，促进绿色债券发行工作的宣传与推广。

然而，目前国内关于绿色债券的研究大部分局限于理论层面，尚未很好地将理论与实务进行结合。本研究基于绿色债券理论成果，从绿色债券发行人视角，搜集整理大量从绿色债券发行业务负责人处获取的一手资料，首次将理论与实务进行紧密结合，并通过境内外绿色债券发行实务对比，给予绿色债券发行工作以更为切实可行的建议，并为我公司相关业务提供参考。

绿色债券的发展背景

自 20 世纪 50 年代以来，全球极端天气与灾害的不断出现，环境问题跃升为全球发展的主要问题之一，也是各国领导人会晤中经常探讨乃至争论的话题。联合国前秘书长科菲·安南于 2006 年发起成立联合国责任投资原则组织（United Nation's Principles for Responsible Investment, UN PRI），旨在将环境保护、社会责任和公司治理（三个要素简称 ESG）纳入投资决策之中，以期降低风险、提高投资收益，从而形成一个透明、可持续且治理良好的金融体系。截至 2017 年 6 月底，已有超过 1700 个主体签约该组织，该组织管理资产超 65 万亿美元。

习近平总书记在谈生态环境保护时指出，要像保护眼睛一样保护生态环境,像对待生命一样对待生态环境,推动形成绿色发展方式和生活方式。2015 年 9 月,中共中央、国务院印发《生态文明体制改革总体方案》,明确了我国建立绿色金融体系的国家战略。11 月出台的"十三五"规划建议中也明确将绿色发展定为未来五大发展理念之一。2016 年政府工作报告提出"要大力发展绿色金融,加大环境治理力度,推动绿色发展取得新突破"。2017 年政府工作报告提出"要大力发展绿色金融,加大生态环境保护治理力度,坚决打好蓝天保卫战"。

绿色金融有两层含义:一是金融要促进经济社会的可持续发展,另一层是指金融业自身的可持续发展。根据 2016 年 8 月 31 日中国人民银行等七部委发布的《关于构建绿色金融体系的指导意见》定义,绿色债券是指为支持环境改善、应对气候变化和资源节约高效利用的经济活动,即对环保、节能、清洁能源、绿色交通、绿色建筑等领域的项目投融资、项目运营、风险管理等所提供的金融服务。

对于发展绿色金融,全球正在达成共识并致力于推动其进一步发展。2016 年 2 月,在上海召开的二十国集团(G20)财长及央行行长会议上,绿色金融也被列入重点议题,并专门成立了 G20 绿色金融研究小组,以对绿色银行体系、绿色债券市场、绿色机构投资者、相关风险分析等进行重点研究。2017 年 3 月 22 日,中国人民银行和欧洲投资银行(EIB)宣布将共同发布倡议,以开发一个有助于绿色金融分析和决策的清晰框架。中国与欧盟将致力于推动绿色债券标准趋同,以此促进中国和欧洲机构在对方市场上发行绿色债券和相关绿色金融产品,推动国际绿色债券资本的跨境流动。

绿色债券发行的国际实践

近年来,绿色债券在国际金融市场上发展十分迅速。此类债券最早由欧洲投资银行于 2007 年创新发行,之后几年欧洲复兴银行等其他多边机构纷纷效仿,最初主要针对北欧的气候友好型投资者和因汇率政策对外币债券感兴趣的日本投资者。随着绿色融资需求的增长和人们环保意识的增强,发行主体和投资者类型都不断丰富。

(一)国际绿色债券市场发行环境

1. 发行规模快速增长

2007 年,绿色债券经历了从无到有,当年发行规模不足 10 亿美元。在 2013 年国际金融公司(IFC)联合纽约摩根大通发行了 IFC 绿色债券之后,国际绿色债券市场进入快速发展通道,发行量从 2013 年的 110 亿美元增长到 2014 年的 375 亿美元和 2015 年的 425 亿美元。在中国绿色债券发行量增长的推动下,全球绿色债券发行量在 2016 年达到 860 亿美元[①](约为 2015 年发行量的 200%),其中中国市场占比超过 50%。根据穆迪投资者服务公司发表的第二季度全球绿色债券报告,进入 2017 年后,全球绿色债券发行依然势头强劲,第二季度发行规模达到 322 亿美元,创下单季新纪录,前两个季度发行总额为 617 亿美元,同比增长 66%;经过外部审核的绿色债券数量继续增长,第二季度总发行规模中的 73% 经过外部审核。由于投资者希望市场标准化和绿色认证加强,外部审核将会持续盛行。

---

① 见 G20 绿色金融研究小组:《2017 年 G20 绿色金融综合报告》。

另据气候债券倡议组织（The Climate Bonds Initiative，CBI）发布的《2016债券与气候变化市场现状报告》，截至2016年5月底，全球气候相关债券存量市场规模达到6940亿美元，较2015年同期增长了960亿美元。

2.发行人类型不断丰富

随着全球绿色债券市场的发展，绿色债券的发行主体从政策性金融机构向着多元化方向发展。2007年欧洲投资银行发行了世界范围内首只"气候意识债券"（Climate Awareness Bond）。2007—2012年，全球绿色债券的发行人以欧洲投资银行、欧洲复兴银行、世界银行、国际金融公司等多边发展银行为主。国际金融公司已经做出承诺，未来长期融资额的20%将投向与气候相关的项目，欧洲投资银行则承诺不少于25%。2013年之后，在日益增长的市场需求推动下，政府机构、金融机构（商业银行）及大型企业等也纷纷进入绿色债券市场融资。

3.债券类型和品种日益多样化

绿色债券早期主要是对发行主体具有追索权的一般义务债券，之后融通资金专门用于特定绿色或可持续项目的项目债券和收益债券发行逐步增多。

一些符合减排技术要求的新能源公司（如太阳能公司）可将特定的项目作为抵押发行债券，债券持有人对发行人没有追索权；也可以发行收益债券，以项目获得的现金流为还本付息的保障，在此基础上，资产证券化绿色债券也逐步兴起。2014年，丰田公司以汽车租赁的现金流为抵押，发行了第一款资产证券化形式的绿色债券，规模为17.5亿美元。同年11月，美国夏威夷州商业、经济开发与旅游局（DBEDT）发行了规模达1.5亿美元的 AAA 级市政债券，以绿色基础设施费（当地居民电力附加费）为抵押进行融资，债券发行收入将用于支持绿色能源市场证券化项目，后者面向消费者提供安装太阳能设施的资金。2015 年不动产抵押银行 Berlin Hyp 发行了 5 亿欧元的绿色保证债券（Green Covered Bond），投资者对发行人及其用以保证的资产具有双重追索权。同时，在中东、北非（MENA）和印度尼西亚，还出现了投资于可再生能源和其他绿色资产的绿色伊斯兰债券（Green Sukuk）。

在金融市场上，广义的绿色债券还包括同绿色投资或指数挂钩的衍生债券，如中国中广核风电碳收益债券的浮动利率部分便与 CCER（核准碳排放量）的价格挂钩。

4.发行期限较长、评级以中高信用等级为主

截至 2016 年 5 月底，在全部已发行绿色债券中，发行期限在 5 年以上的绿色债券占比超过 70%，发行期限在 3～5 年的绿色债券占比超过 20%。绿色债券相对较长的发行期限，对于发行主体募集中长期资金投资于中长期项目，降低期限错配风险，具有重要作用。

从发行评级来看，AAA 信用等级绿色债券占比 43%，AA 信用等级绿色债券占比 15%，BBB 以上投资级绿色债券合计占比 82%，投机级和无评级绿色债券占比仅为 18%。绿色债券发行评级较高，这与发行主体多为世界银行、欧洲投资银行等国际开发机构，以及全球大型企业和商业银行有关。

5.计价货币以美元和欧元为主

绿色债券计价货币种类较多，当前已有美元、欧元、人民币、英镑、加元等 25 种货币被用作绿色债券的计价货币。美元和欧元在绿色债券计

价货币中占据主导地位,两者合计占比约70%。近年来,随着以中国为代表的新兴市场国家大力推动本国绿色债券市场发展,人民币等新兴市场货币占比呈快速上升趋势,已成为全球绿色债券主要计价货币之一。

（二）国际绿色债券投资者类型和关注点

不论在成熟市场还是新兴市场,绿色债券的超额认购都已成为普遍现象。[①] 绿色债券市场快速增长势头也体现出投资者对绿色投资的需求强烈。

对于投资者而言,投资绿色债券并不能比普通债券获得即时的额外回报,但由于绝大多数绿色债券融资投向缓解或适应气候变化的项目和资产,一方面投资者可以得到稳定的与环境效益相关的长期投资回报,另一方面也彰显了投资者的环保意识与社会责任。

1.绿色债券投资者类型多样

绿色债券投资者类型丰富,主要包括:ESG 投资者和社会责任投资者（SRI Investors）,如 Natixis、Mirova、ACTIAM 等;机构投资者,如美国道富银行（State Street）、贝莱德集团（Black Rock）、英杰华集团（Aviva）等;企业,如巴克莱、苹果公司等;主权和市政机构,如秘鲁央行、加利福尼亚州财政部等;零售投资者,如世界银行通过美林美银及摩根士丹利财富管理公司向零售投资者发行绿色债券等。

根据贝莱德的研究,过去五年内绿色投资的回报率比基准指数的回报率年均高出两个百分点。而在环境风险较高的板块投资则面临较高的风险。比如,过去五年内许多煤炭公司的市值下降了90%。因此,作为政

---

① 谢多等:《绿色债券市场发展:国内外实践及前景展望》,NAFMII 资讯。

策制定者和引导者，有必要帮助投资者充分认识到，开展责任投资和环境风险管理有助于提升长期投资回报率和降低风险。

2.绿色债券投资者的关注点

根据环境责任经济联盟（CERES）名下气候风险投资网络（INCR）针对绿色债券投资者的调查结果显示，投资者明确提出四方面关注点。

（1）绿色项目的认定标准

投资者期待绿色债券所支持的项目应在国际主要标准所列明的类别内，对气候或环境有着实质的、正的净收益。如用于温室气体（GHG）减排的资金，鼓励其发行人将其减排目标值与公开的标准或基准进行比较。

（2）初始信息披露及预期资金用途

为了更好地对绿色债券进行归类，投资者需要发行人在发行之前就能够提供特定信息，包括募集支持的指定绿色项目所属的类别、用于决定何项目能够获得绿色债券资金的框架、用于评估环境收益的标准以及发行人所期望的项目能带来的环境影响。

（3）资金用途及项目影响/收益的报告

投资者期待发行人提供绿色债券资金用于合格项目的年度信息披露报告及该绿色债券所支持的项目带来的可估计的环境影响和收益报告。由于目前缺乏环境影响报告的标准，投资者希望国际绿色倡导组织和早期的绿色债券发行人能够帮助建立环境影响报告范本，建议尽量使用简单易懂的指标。

（4）独立认证保障（外部审查）

鉴于判断绿色债券资金用途是否"绿色"的复杂性，投资者希望可信审计机构和ESG机构能给出绿色债券独立认证保证，以帮助其进行绿色项目选择。同时,可信度高的独立第三方意见在后续项目环境效益评估方面能够进一步给绿色债券投资者提供参考,增强投资者对绿色投资的信心。

(三)在国际市场发行绿色债券的益处

除了环境效益,绿色债券对于发行主体有很多正面影响,从短期来看,可以发挥宣传效应,使社会资本最大化;从长期来看,可以降低企业融资成本,有助于可持续发展。事实上对于国际投资者来说,绿色债券的吸引力也确实远大于普通债券,从每次绿债发行都被超额认购数倍就可见一斑。由此,如何在国际市场发行绿色债券成为许多发行主体关心的问题。

(四)在国际市场发行绿色债券的流程

绿色债券具备普通债券的基本功能和特点,只要资产符合绿色资质,任何债券都可以是绿色债券。因此,绿色债券的发行与普通债券无异。但其特有的准备工作是前期确定符合目标市场标准的绿色项目和资产,然后安排有资质的相关部门进行独立审查,并建立追踪和报告机制;进入正式的发行阶段,需要从目标市场的监管部门获得发行许可,确定债券结构并获得信用评级,最后再进行定价和营销。

在此过程中,确定符合绿色资质至关重要。到底什么样的资产、项目和领域是真正"绿色"的,能够获得国际市场投资者的认可,是潜在发行主体关心的问题,因此了解国际市场绿色债券的标准和认证流程很有必要。

(五)绿色债券的国际认证标准

在国际层面,已被广泛接受的绿色债券标准主要有两个,《绿色债券原则》(*The Green Bond Principles*,GBP)和《气候债券标准》(*Climate Bond Standard*,*CBS*)。部分学术和商业机构也为绿色债券提供外部意见以确保绿色项目选择原则或标准与 *GBP* 和 *CBS* 保持一致。

1.《绿色债券原则》

GBP 由全球主要的市场参与者共同制定,国际资本市场协会(ICMA)作为秘书处进行协调。ICMA 是由国际资本市场参与者组成的全球性自律组织和行业协会。2014 年 1 月,ICMA 发布了 GBP,以增强绿色债券信息披露的透明度、促进绿色债券市场健康发展。GBP 很大程度上也作为官方认可绿色债券的基础,部分国家将 GBP 的建议纳入监管要求。

GBP 的核心内容是绿色债券的四大原则,即提出了绿色债券获取信任应遵循的基本要求,是目前绿色债券的最重要规则。第一,募集资金的使用;第二,项目评估和选择的过程;第三,募集资金的管理;第四,报告制度和一个外部评估的建议。

2016 年 6 月,ICMA 拓展了标准的范畴,引入了针对社会效益目标融资的债券指引——《社会债券发行人指引》(以下简称《指引》)。《指引》在很大程度上与 GBP 中绿色债券的四大原则相重合,旨在提高社会债券的透明度与信息披露水平,帮助投资人衡量债券的正向社会回报。

2017 年 6 月,ICMA 发布《绿色债券原则(2017)》(GBP 2017)及《社会债券原则(2017)》(SBP 2017),对 2016 年版本做出更新。SBP 2017 取代了 GBP 2016 中作为附录的《社会债券发行人指引》文件。SBP 2017 内容更加完整、准确,细分了社会债券类型,明确了社会债券四个核心组成部分,与 GBP 一起成为同等的、独立的指导文件。

同时,ICMA 首次对外发布《可持续发展债券指引》(*Sustainability*

Bond Guidelines,SBG),明确可持续发展债券的拟投项目应为绿色项目和社会项目的组合。在投资流程中,要遵循以绿色项目为基础的 GBP 和以社会项目为基础的 SBP 中的四个共同原则。

2.《气候债券标准》

气候债券最初的提出设想是为了鼓励发展中国家投资清洁能源项目(CDM)。《联合国气候变化框架公约》(UNFCCC)秘书处执行秘书伊沃·德博埃尔曾指出,气候债券将主要在非洲、亚洲和拉丁美洲的发展中国家向投资者发行,旨在减少温室气体排放量。为此,气候债券倡议组织(CBI)于 2010 年成立。2011 年底,气候债券倡议组织发布了《气候债券标准(1.0 版本)》(CBS 1.0)。气候债券标准和认证机制是 CBS 的核心部分。其中认证机制由气候科学框架支持并对合格的项目和资产作了定义,确保这些项目和资产具备获得气候债券认证的资格。

CBI 把气候相关债券分为贴标绿色债券和未贴标气候相关债券。贴标绿色债券指债券所募集的贴标资金指定用于已有的和新建的绿色项目。而未贴标的气候相关债券是指收益用于绿色项目,但是没有像贴标绿色债券那样进行推广,也没有可以让投资者追踪收益用途报告机制的债券。CBI 将未贴标债券纳入统计口径的意义主要在于向市场揭示哪些资产、项目和发行人有潜力可以发行绿色债券,只是暂时没有按照相关规定建立发行框架。

在 CBS 1.0 版本的基础上,经过几年的应用,CBS 2.0 版本于 2015 年11 月发布。在 CBS 2.0 版本中,保证机制更实际有效;2015 年更新的GBP 被完全融合其中;年度报告要求更直截了当;不同种类的债券均有涉及。不同于 GBP 的是,发行人在债券发行前后都可以通过气候债券标准委员会授权的认证机构进行验证,通过验证即可申请成为具有标签的"绿色债券"。

3.绿色/气候债券认证流程和费用

限于篇幅所限及资料的可得性,本文仅介绍 CBS 的认证流程。CBS 下绿色/气候债券认证分为两个阶段:发行前阶段和发行后阶段。发行前对绿色/气候债券进行认证有助于发行人和承销商进行债券的推销。发行后必须进行进一步的保证工作,以确认绿色/气候债券符合 CBS。具体流程如下:

第一步,债券发行人填写绿色/气候债券信息表并提交给气候债券标准秘书处。

第二步,发行人任命一个第三方审核者来检查绿色/气候债券所融资的项目和资产符合 CBS,并确认发行人已经建立了能够追踪债券募集资金用途的内部流程和控制。此时审核者为债券符合 CBS 发行前要求提供了保证。

第三步,审核者最后确认保证报告后,发行人需向气候债券标准秘书处递交认证申请和保证报告,由气候债券标准委员会负责审核这些文件。

第四步,绿色/气候债券发行后,当债券募集资金开始分配到项目和资产上时,发行人必须再次让审核者检查债券是否符合 CBS 发行后要求,并向气候债券标准秘书处递交这次检查后最终确认后的保证报告以及债券认证申请,由气候债券标准委员会负责审核。确认绿色/气候债券仍然符合气候债券标准后,委员会将确认该债券为认证绿色/气候债券。

请注意,所有认证债券在偿还期内必须作出年度报告,但债券审核和保证工作不需要每年都进行。

绿色/气候债券认证的费用包括内部费用和外部费用两块。内部费用取决于债券发行人所设立的,供分配、追踪和报告债券资金用途的内部流程和控制系统,追踪绿色/气候债券融资项目和资产的绩效或影响也可能产生一部分内部费用。外部费用通常包含两部分:(1)任命审核者进行债券发行前和发行后的保证工作,并提供报告。该费用取决于发行人和审核者之间的协商。(2)向气候标准委员会注册绿色/气候债券的费用,该费用为债券发行额的0.001%。

(六)绿色债券国际实践的创新经验

1.绿色投资税收减免机制

为了促进绿色债券的发行,政府可以建立绿色债券投资利息收入税收减免优惠机制。具体模式有三种:税收减免、直接补贴和免税。税收减免债券使投资者获得税收减免而非利息收入,因此发行人不需要支付绿色债券的利息;直接补贴债券需要政府通过现金返还的方式,向债券发行人补贴净利息支出;免税债券使债券投资者不需要缴纳绿色债券利息所得税,可以降低发行人的发行利率。

2.为绿色市政债券提供双重追索权

一般专项债券由发行实体担保,绿色抵押债券由相关的绿色资产决定,为弥补与专项债券和绿色资产抵押债券的差距,政府实体可以发行双重追索权债券。双重追索权的绿色一般责任债券首先会赋予投资者对发行机构的追索权,当发行机构出现违约预期的时候,投资者对相关绿色资产池也同样具有追索权。随着投资者对绿色资产的绩效更加熟悉,就将逐渐不再需要对发行机构的追索权,市场就可以发展为绿色资产担保债券。这种资产抵押债券可以使地方政府的资产负债表摆脱债务,因此具有沉重债务负担的地方政府会大力支持绿色资产抵押债券的发行。德国慕尼黑 MunchnerHypo 银行发行的"社会"抵押债券就是双重追索权绿色债券的典型案例。

3.基于绿色绩效的贷款差别价格

绿色债券市场中有相当一部分债券来源于基于绿色贷款资产池发行的绿色资产支持证券，因此，绿色信贷的发展对于绿色债券至关重要，绿色信贷的成本也在一定程度上决定了绿色债券的发行成本。对于绿色优惠贷款的确定可以通过不同的政策来实现。通过不同公司获得的环保信用评级，区别"绿色""蓝色""黄色"和"红色"的企业信贷限制，为"绿色"贷款提供差别价格机制。政策制定者可以直接通过贷款人项目的环境效益制定一套银行的差别定价体系，也可以为绿色贷款产品提供有差别的银行资本充足率要求来实现这一机制。各国政府在探索绿色债券的实践中，创新了绿色债券的发行机制，并形成了一些有效的政策框架和公共金融工具。

4.量化绿色评估认证

为解决债券"绿色"程度问题，避免"漂绿"现象，GBP 与 CBS 在第三方认证评估方面做出了明确标识。国际上提供第三方认证评估的机构涉及学术、审计、评级等机构及社会责任咨询公司。此外，一些评级机构将第三方绿色认证与信用评级进行整合，通过深入分析绿色程度与债券违约风险之间的关系，评估绿色因素对债券违约风险的影响，使绿色评估得到量化，成为债券定价依据。

绿色债券发行的中国实践

2016 年被称为中国绿色债券市场元年,在国家相关政策的促进下,中国绿色债券快速发展,以折合全年 320 亿美元的发行额一跃成为全球绿色债券发行量最大的国家,令世界瞩目。2017 年中国绿色债券市场继续稳步发展。

与国际市场系相比,中国绿色债券的发行过程大体相似。绿色债券投资者的关注点和发行人所获得的益处大体相同。不过,在绿色标准认定、政策优惠等方面,也存在一些中国特色。以下从发债企业的角度,沿着发行实务链条,从国内绿色债券的发行环境、绿色债券标准、绿债品种选择等方面对绿色债券在中国的发行实践进行梳理。

(一)国内绿色债券的发行环境

2014 年 5 月 8 日,中广核风电有限公司发行了国内第一单"碳债券",实质上是一只与节能减排密切相关的绿色概念债券。2015 年,新疆金风科技股份有限公司在海外发行了中国第一只绿色企业债券,中国农业银行在伦敦证券交易所发行了中国首只海外绿色金融债,为国内绿色债券市场的发展起到了很好的示范效用。2016 年 1 月,兴业银行、浦发银行分别获准发行不超过 500 亿元人民币额度的绿色金融债,标志着中国国内债券市场的绿色债券发行正式启动。

在相关政策的大力支持下,中国绿色债券市场获得长足发展,2016 年中国以 320 亿美元的发行总额超越美国成为绿色债券的全球最大发行者。由于统计口径的差异,本文以两组数据为例。

一是中央财经大学绿色金融国际研究院和国证指数 2017 年 5 月末

发布的数据:从发行量来看,2016年贴标绿色债券发行量为1941亿元,未贴标绿债发行量为4446亿元。其中,贴标绿色债券涵盖了金融债、公司债、中期票据、企业债、资产支持证券、国际机构债这六大类。从存量来看,绿色债券2015年存量规模为17405.31亿元,2016年为21683.89亿元(约占债券总托管量的5.2%),2017年将达到22565.19亿元。以上数据只包括债券发行所声明投向于绿色项目的募集资金。

二是气候债券倡议组织与中央结算公司联合发布的《中国绿色债券市场2017半年报》显示,与2016年上半年相比,中国绿色债券发行总量在2017年上半年增长了33.6%,占全球绿色债券市场的20.6%,共有26个发行人在市场上发行了38只绿色债券。绿色债券发行主体进一步多元化,2017年前6个月,38%的中国绿色债券由非金融企业发行,24%由政策银行发行;商业银行绿色债券发行的占比为38%,较上年同期的87%大幅下降。上半年发行的绿色债券,大部分期限在3至5年,信用等级普遍较高,83%的绿色债券接受了安永、普华永道等机构提供的外部意见。

绿色债券二级市场活跃度有所提升。据东方金诚发布的报告,2017年上半年境内贴标绿色债券在二级市场现券交易额累计达673.7亿元,月现券交易额逐月上升,绿色金融债是主要交易品种。各类绿色债券交易活跃度较高,发生交易数量与相应类别上市绿色债券数量之比均超七成。

境内企业绿色债券的国际化在不断发展。2017年6月,中国三峡集团在离岸市场发行了规模为6.5亿欧元绿色债券,这是国内首单由气候债券标准认证的绿色债券,有利于增加国际投资者对中国绿色债券的信心。

（二）国内绿色债券的认定标准

国内绿色债券的标准主要有两类。一是由中国金融学会绿色金融专业委员会（绿金委）编制的《绿色债券支持项目目录》，中国人民银行主管的绿色金融债、证监会主管的绿色公司债以及交易所协会主管的绿色债务融资工具均适用此目录。二是国家发展改革委发布的《绿色债券发行指引》所界定的绿色企业债券。值得注意的是，2016 年 8 月七部委联合发布的《关于构建绿色金融体系的指导意见》要求统一绿色债券界定标准，在当前"十三五"金融业标准化体系建设发展规划大背景下，这一举措更加符合发展趋势。

1.《绿色债券支持项目目录》标准

具体包括六大方面。一是节能：高能效设施建设、节能技术改造等。二是污染防治：脱硫、脱硝、除尘、污水处理等设施建设，以及其他类型环境综合治理项目等。三是资源节约与循环利用。四是清洁交通。五是清洁能源。六是生态保护和适应气候变化。

2.国家发展改革委《绿色债券发行指引》

国家发展改革委《绿色债券发行指引》划定了 12 个支持重点：一是节能减排技术改造项目；二是绿色城镇化项目；三是能源清洁高效利用项目；四是新能源开发利用项目；五是循环经济发展项目；六是水资源节约和非常规水资源开发利用项目；七是污染防治项目；八是生态农林业项目；九是节能环保产业项目；十是低碳产业项目；十一是生态文明先行示范实验项目；十二是低碳发展试点示范项目。

3.标准比较

（1）国内不同标准对比

对比绿金委《绿色债券支持项目目录》与发改委《绿色债券发行指引》，前者关注金融体系发行人、承销商、投资人等市场参与方的操作便利性，对于"绿色"项目的定义及判断标准更加细致，同时央行39号公告和上交所、深交所试点通知均鼓励独立第三方机构的认证评估，对信息披露等有较为明确的要求。后者更侧重落实行业政策管理和引导职能，对绿色债券采取审批制，但在政策优惠方面提出更多倡导。同时，对于个别领域，如有机农业，后者纳入其中，而前者未明确提及。

（2）国内外标准的主要差异

从国际和国内标准对比来看，国际国内各项标准对绿色项目的范围有一定的重合，又各有侧重。我国的绿债标准则以GBP为参照，结合国内产业特点与行业分类习惯进行了修正。国际国内绿色项目的主要区别在于：一是国际标准将化石能源项目排除在绿色项目范畴之外，而根据我国实际能源结构和技术发展现状，我国绿色债券标准将煤炭和石油的高效清洁利用作为绿色项目进行扶持；二是CBI标准审慎对待新能源汽车等门类，但中国绿色债券支持项目目录对此予以支持；三是国际绿色债券标准为自愿性规则，没有对具体技术标准作出严格的设定，而国内标准，尤其是《绿色债券支持项目目录》（以下简称《目录》）对相关技术制定了非常详细的技术标准，例如对光电转化效率、衰减率等技术指标做出具体限定，以此激发创新优势，避免绿色金融的政策力度流向产能过剩行业。

（3）如何选择绿色债券发行的具体品种

与国外发行绿色债券相同，核心要点是在普通债券发行流程之外，要符合绿色资质。为此,发债企业需要先了解国内不同领域绿色债券的认定标准,比照自身项目确认是否符合绿色标准。如果能够符合要求,最好能够提供有独立专业评估或认证机构出具的外部意见,以明晰自身的绿色债券身份。在符合标准的范围内,企业可对比不同债券品种的优缺点,最终确定发债品种,进入与普通债券类似的发行流程。

分析国内政策,可以看出作为债券的一个品种,绿债品种的基本区别就是债券品种的区别,即主要监管框架不同。例如,绿色金融债由中国人民银行核准发行和监管;绿色企业债由国家发展改革委核准发行和存续期监管;绿色公司债由证监会监管;非金融企业绿色债务融资工具在银行间交易商协会注册。对于发行人而言,设计发行方案、设置期限、选择权、还本付息方式等都有着较大的发挥空间。在发债类型的选择过程中,需要综合考虑包括企业性质、资产规模、募集资金用途、募投项目建设期、项目回收期、项目预测现金流情况等在内的多重因素,结合自身实际,选择适合自己的绿色债券。

1.绿色金融债

与其他绿色债券发行主体为企业不同,绿色金融债的发行主体为银行,其募集资金必须用于绿色产业,并且需要专户或专门台账进行管理,有专项的披露及专业流程。因此,绿色金融债存在相当的间接融资属性,而对于发债银行而言,最重要的是通过信贷经验做好绿色项目的储备,这样才能减少绿色金融债募集资金的闲置,提升资金效率。

在具体发行过程中,绿色金融债券的申报材料要求有一定程度的豁免和简化,主要是承销协议、评级报告及法律意见书可以不在申报环节提供,而在后续发行前备案补充即可;同时还豁免了发行公告/发行章程、偿债计划及保障措施。

与此相应,绿色金融债券申报时需增加两方面专业性意见及专业评估或认证机构出具的评估认证意见,以及募集资金投向绿色产业项目的承诺函。

2.绿色企业债

绿色企业债对产业政策把握准确,对规模较小的民营企业来说难度较大。绿色企业债的政策红利体现在发行便利上,享受绿色通道,不受发债指标限制,发行额度也不必考察企业其他信用类产品的规模,发行主体也进一步扩大,除传统的非上市公司,上市公司及其子公司都可以申报。

在《绿色债券发行指引》明确指出:允许企业在偿债保障措施完善的情况下使用不超过50%的债券募集资金用于偿还银行贷款和补充营运资金,允许主体信用评级 AA+且运营情况较好的发行主体使用募集资金置换由在建绿色项目产生的高成本债务。因此,如果发行人希望使用部分资金来优化债务结构,比如偿还银行借款、置换高成本债务等,适合发行绿色企业债。

3.绿色公司债

绿色公司债在交易所发行,其特点是明确了绿色公司债的募集资金用途,增加了绿色认证环节,鼓励发行人出具绿色评估意见,加强债券存续期管理,披露资金使用情况等。

绿色公司债投资主体多元,更适合市场化程度较高的中小企业。如某发行人为非上市民营企业,资产规模一般,主体信用级别只有 AA,希望募集资金用于锅炉脱硝技改,在不追加 AAA 主体级别担保的情况下,就比较适合选择发行小公募公司债券、非公开发行公司债券或定向工具。

此外,如果发债企业为 A 股上市公司,还可以在交易所市场选择发行可转债。如主营土壤重金属综合治理业务的 A 股上市民企,盈利规模大、持续性较强,募集资金用于投建两个垃圾焚烧发电厂,此时发行可转债不仅能在较大程度上降低融资成本,还可以根据自身财务状况和市场情况,合理运用附加条款及权利设计,降低融资风险。

4.绿色债务融资工具

绿色债务融资工具包括绿色中票、绿色短融、绿色定向工具、绿色项目收益票据、绿色集合票据、绿色资产支持票据等,需要在交易商协会进行注册。

绿色债务融资工具的发行人可以是资产规模较大的地方国有企业,募集资金用于尚处于建设初期且建设周期较长的项目;也可以是环境污染第三方治理企业,其出于开展流域性、区域性或同类污染治理项目的目的而募集资金,可以会同几家相关联的项目实施主体以集合债或集合票据的形式联合发债。

5.绿色资产证券化产品

绿色资产证券化产品需要有较为稳定的现金流,需要项目已经投入运营并有稳定的收入,如已建成的地铁项目等。

6.综合选择

目前已有个别企业尝试了发行多种品种的绿色债券。例如 2016 年 10 月,武汉地铁集团 2016 年度第二期中期票据顺利完成簿记建档。该债券是国内首单采取"债贷基"模式的银行间市场绿色债券,债券额度 20 亿元,期限 15 年,发行利率为 3.35%,认购倍数达 3.38 倍。2017 年 8 月,2017 年第一期武汉地铁集团绿色企业债簿记建档成功,这是我国轨道交通行业发行的首单绿色企业债，发行规模 30 亿元，认购倍数 1.75 倍，票面利率为 4.99%。

我国绿色债券发行所面临的问题

绿色债券的基本属性为债券，不仅面临当前国内债券市场所面临的共性问题，如市场存在分割、投资人范围需要拓宽、信用评级不够具有公信力等，也面临着因自身特点而存在的一些特殊问题。

（一）发展初期商业银行发债比例过高

据统计，2016 年末中国债券市场中绿色金融债规模占当年绿色债券发行总量的 74%，成为绝对主力品种。债券市场本为直接融资的重要场所，而绿色金融债为由银行通过债券市场募集资金，投向绿色项目，其后期操作过程与贷款更加相似，主要差别在于增加了中介机构针对项目做出的绿色评估，同时一笔绿债可以对应多个投放项目。

通过绿色金融债对绿债项目进行投放的操作方式在初期有必要性，可以大规模募集资金、增加投放的灵活度，更好地为项目匹配相应期限的资金。但相比绿色项目直接发债，这种相对间接的操作方式降低了融资效率和透明度，减弱了市场需求信息，一定程度上增加了操作环节和融资成本，削减了直接融资市场的优势。

从最新数据来看，这一状况已有明显改观。《中国绿色债券市场2017 半年报》显示，2017 年前 6 个月，国内 38% 的绿色债券由非金融企业发行，24% 由政策银行发行，商业银行绿色债券发行占比下降为 38%，发行主体愈加丰富。

（二）绿债认定规则不统一

如前所述,国内不同绿债品种归属不同部门管理,而不同管理部门对债券"绿色属性"的认定存在一定的差异,强调不同的方面。规定的不统一使得部分企业部分项目存在监管套利的可能性。而监管主体的分割不仅带来了对"绿色"标准认定的差别,造成各类绿色债券品种市场的分割,形成一定的不合理现象。如同为 2016 年 4 月发行的债券,北汽股份发行期限为 7 年(5 年+2 年)的"16 京汽绿色债 01"发行利率仅为 3.45%,协和新能源发行绿色债务融资工具的利率超过 6%。其间固然有公司信用等级的差异(前者为 AAA,后者为 AA),但也明显存在市场割裂所造成的差别。

从国际视角出发,国内在绿色项目认定上相较而言,总体比较宽泛,如国内可包含化石能源项目,对待新能源汽车类的项目态度更加宽松;但同时,《目录》对技术标准规定得非常详细。可见,国内标准的设定与我国工业发展现状密切相关,体现出务实性、可操作性的鲜明特点。通过对绿色项目的认定和推动,有助于配合我国当前进行的产业升级,淘汰落后产能,其认定标准不仅是金融行业,也是多个产业发展的重要抓手。

不过,在与国际接轨过程中,尤其是国内企业到境外发债过程中,会因标准的不统一而可能带来一些问题,如部分项目不被境外投资者所接受,部分项目需要进行调整才能被境外接受,企业需要重复进行绿色标准的认定等。

（三）政策优惠、税收补贴尚不够明确和完善

为促进绿色债券的发行,国内外普遍做法是给予绿色债券更优惠的发行利率。然而对于投资人而言,这意味着投资收益的损失,不可能仅仅

让投资人靠"情怀"来长期持续投资绿色债券。那么有谁来对绿色债券进行补贴最为合理呢？

总体来看，绿色债券有利于减少污染排放、改善生态环境，最终受益者是全社会，因此以财政收入来补贴绿色债券是合情合理的，事实上，财税优惠也是各国普遍采取的政策措施。而在我国，目前还没有明确的针对绿色债券的优惠政策，已有政策更加侧重于提升审批效率、放松发行规模限制、将绿色债券纳入央行货币政策操作抵质押品等方面，这些政策无法直接替代财税优惠政策，无法令发行人和投资人同时增加对绿色债券的兴趣和意愿。

对发展我国绿色债券市场的几个建议

（一）厘清不同认定标准异同，统一协调国内认定标准

针对国内外绿色债券认定标准的异同，应充分比较分析，最大化寻找二者相同的部分，以便为同一企业国内外发行债券减少沟通磨合成本，同时有助于国外投资人更好地识别认知国内绿色债券品种，为其投资国内绿色债券市场减少阻碍。

国内各绿色债券监管部门应加强协调，可考虑引入环保部门等协调统一绿色债券发行规则，减少监管套利空间；同时统一对绿色债券认证机构、评估机构、评级机构等中介服务机构的认定，尽量达成企业一次认证能够满足不同绿债品种的发行需要，减少企业认证、评估与评级成本。

（二）明确财税优惠政策

建议从财政和金融层面加大对绿色债券的支持力度。如可以参照国

外经验,对投资绿色债券的投资人给予税收优惠,享受类似购买国债的免税政策;对于投资绿色债券的银行,降低其持有绿色债券的风险权重,从而降低风险资产占用比例;对于发行绿色债券的企业,给予税收优惠、补助优先等奖励措施;可以考虑设立专属基金,对绿色债券的发行利率进行一定贴息,以降低发行成本、增加投资收益。

(三)细化绿色程度的评估

参照国外经验,不仅对债券的绿色属性进行"非此即彼"的认证,更对其绿色程度进行量化评估。从避害角度看,这更有利于避免"漂绿"现象的发生;从趋利角度看,能够让对绿色环保有更大贡献的发行人享有更多优惠,进一步促进绿色经济的发展。

(四)定期跟踪并及时调整绿色债券认定标准

如前所述,目前我国绿色债券的认定标准与产业发展现状及产业调整政策密切相关,随着当前去产能、去杠杆等结构化调整的推进,我国产业实现升级换代指日可待。因此,相关认证标准也需要与时俱进,不能一成不变,否则在未来产业发展进入新阶段后,会成为阻碍进一步发展的因素。从国外 GBP、CBS 等标准的发布情况看,每隔一段时间也是在进行更新。国内也应定期跟踪绿色相关产业的发展情况,尤其关注《目录》等标准界定中详细的技术指标,根据现实情况和引领要求及时更新认定标准,以实现以绿色债券拉动绿色产业的核心目标。

(五)促进绿色债券市场开放

与我国资本市场、债券市场开放的大格局相呼应,绿色债券市场也应关注跨境发行与投资,更好地与国际市场接轨。

尽管从规模上看,我国绿色债券发行已成为全球第一,但如前所述,由于国内外绿色债券认证标准不同,存在"此绿债"非"彼绿债"的问题。从发展方向来看,绿色债券作为国际市场未来的重要品种,已享有一定的优惠政策,因此建议境内机构在符合业务发展的前提下,更多到国际市场发行绿色债券,壮大国内企业绿色债券在国际市场的规模,增进国内外绿色债券市场的交流互动,同时也最大化地享有绿色债券的优惠措施。

参考文献:

[1]G20绿色金融研究小组.G20绿色金融综合报告[R].

[2]联合国环境署可持续金融项目.绿色金融:G20进展情况报告2017[R].

[3]NAFMII与ICMA联合发布绿色债券市场发展报告[R].中国金融学会绿色金融专业委员会网站,2017-05-27.

[4]万志宏,曾刚.国际绿色债券市场:现状、经验与启示[J].金融论坛,2016(3).

[5]袁方.绿色债券的国际实践与中国路径研究[J].甘肃金融.2017(2).

[6]梁晓静,赵广志.绿色金融债发行实务及运作案例[J].债券,2016(7).

[7]郭实,王林佳.绿色企业债发行实务及运作案例[J].债券,2016(7).

[8]张晖.绿色公司债发行实务及运作案例[J].债券,2016(8).

[9]李菁,陆文钦.绿色债券的认证及环境效益评估实务[J].债券,2016(8).

[10]袁荃荃.一般公司主体绿色债券发行实务详解[R].和讯网.

[11]气候债券倡议组织,中央国债登记结算公司.中国绿色债券市场2017半年报[R].中债信息网,2017.

[12]王遥.中国发展绿色债券市场正当其时[J].债券,2016(2).

[13]顾鹏,闫丽琼.2017年上半年绿色债券市场小结[R].中债资信评估有限公司,2017.

浅谈熊猫债市场的发展及政策建议

赵 凌 李 妍 黄 山

摘 要: 随着人民币资本市场的持续开放,人民币国际化进程的不断推进,熊猫债越来越受到市场的关注。2015 年以来,熊猫债发行规模出现快速增长,发行主体类型也更加多样化。但与一级市场的快速发展相比,其二级市场活跃度仍较低,流动性有待提高。本文从熊猫债一、二级市场的发展情况为出发点,以熊猫债的估值定价为抓手,深入剖析了包括制度设计、市场建设等方面在内的限制熊猫债市场发展的因素,并从完善做市机制、加强信息披露、推动统一托管、推进制度建设等方面,提出促进熊猫债市场发展的建议。

关键词: 熊猫债 流动性弱 估值定价 市场发展

熊猫债是指境外机构在我国境内发行的、约定在一定期限内还本付息的、以人民币计价的债券。首批熊猫债于 2005 年 10 月在银行间债券市场发行,发行人分别为国际金融公司和亚洲开发银行。随着人民币国际化进程的不断深化,债券市场对外开放程度的不断提高,熊猫债也越来越受到市场的关注。特别是 2015 年以来,熊猫债发行规模出现了显著增长,发行主体也更趋多元化。但与一级市场的快速发展相比,熊猫债的二级市场交易仍不活跃,流动性较差,制度建设、信息披露规范等方面有待进一步完善加强。

一、熊猫债市场的发展

(一)发行规模快速增长

熊猫债最早发行于 2005 年,但从 2005 年至 2014 年的 9 年时间里,仅发行了 6 只熊猫债,发行规模仅 60 亿。2015 年以来,随着市场的进一步对外开放,人民币国际化的日益推进,特别是人民币作为第五种国际货币加入特别提款权(SDR),使得境外机构参与我国债券市场的程度不断加深,熊猫债的发行也迎来了快速增长。2015 年熊猫债发行规模达到 130 亿,较前 9 年发行总额增长了 1 倍多;2016 年更是迅猛增长,发行规模已逾 1200 亿,较 2015 年增长超 8 倍(图 1)。

(二)发行主体类型日趋多样化

随着近两年发行规模的快速增长,熊猫债的发行主体也由早期的国际开发机构不断丰富为包括主权政府、商业银行、非银金融机构、产业企业的多样化构成(表 1)。从发行规模看,房地产公司的熊猫债发行规模占比最大,约占全部发行量的 44%。一方面,2015 年以来,我国房地产市场行情热度走高,房地产企业融资需求随之扩大,离岸人民币利率水平又相对较高,很多境外注册的房地产企业选择在在岸市场发行人民币债券融资。另一方面,交易所非公开发行方式的发行周期较短,也吸引了很多发行人采用私募方式在交易所发行募资。

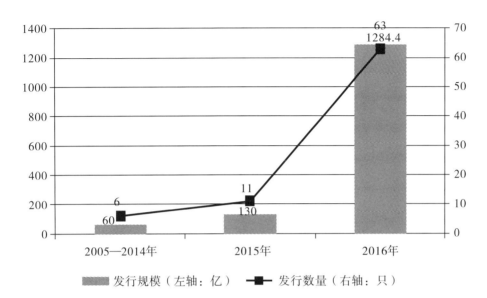

图 1 2005 年以来熊猫债发行规模统计

数据来源:中央结算公司,Wind 资讯,财汇

表 1 2005 年以来按照发行主体划分的熊猫债发行情况统计

		发行主体(家)	发行数量(只)	发行规模(亿)
国际开发机构		2	4	40
主权政府		3	3	90
金融业	商业银行	5	5	80
	非银金融机构	2	5	85
产业企业	房地产	8	29	641.4
	制造业	6	17	291
	电力、水利	4	7	107
	交通运输	3	7	50
	其他	2	3	90

数据来源:中央结算公司,Wind 资讯,财汇

从发行方式看,熊猫债在银行间市场和交易所市场都包括公开发行和非公开发行两种方式(表2)。其中,银行间市场以公募债为主,交易所市场以私募债为主。

表2　2005年以来按照发行方式划分的熊猫债发行情况统计

	银行间		交易所	
	公募	私募	公募	私募
发行规模(亿元)	441	180	182	671.4
发行数量(只)	24	9	14	33

数据来源:中央结算公司,Wind资讯,财汇

(三)流动性有待提高

与熊猫债一级市场发行增长迅猛相比,其二级市场活跃度仍较低,流动性有待提高。一方面,熊猫债报价笔数较少,报价质量一般。以2016年数据为例,银行间未到期的公募熊猫债共有20只,而全年仅有4只债券在26个交易日中出现了做市商双边报价,平均报价天数仅6天,而且报价的买卖点差较大,平均超过70BP。另一方面,熊猫债成交量也较小,换手率较低。同样以2016年银行间未到期的公募熊猫债为例,全年仅有16加拿大BC省人民币债01成交金额达到933.5亿元,换手率为26.67倍。剔除该债券后,其余19只熊猫债全年成交金额为444.5亿元,换手率仅为1.20倍。

二、熊猫债的定价

对于熊猫债的估值定价,需要重点关注信用风险及流动性风险。

在信用风险方面,境内外评级机构对熊猫债评级标准不一致,评级结

果差异较大。对于公开发行的熊猫债,除少数批准免评外,国内评级公司均予以 AAA 的评级,而国外评级机构的评级结果又相对较低,难以将两者进行对比。对于非公开发行的熊猫债,存在无评级公司评级的现象。在此情况下,中央国债登记结算有限责任公司(简称:中央结算公司)提供的中债估值是基于中债市场隐含评级将信用风险反映在个券的估值定价中。中债市场隐含评级(债券债项评级)是从市场价格信号、发债企业披露的信息中综合得出的动态反映市场投资者对债券的信用评价,是对评级公司评级的修订和补充。与评级公司评级相比,中债市场隐含评级已覆盖所有熊猫债的债项评级,填补了部分无评级公司评级的空白。同时,中债市场隐含评级分布从 AAA 到 A+,更能体现熊猫债之间信用资质的差异。表 3 对比了熊猫债的评级公司评级与中债市场隐含评级的评级结果。

在流动性风险方面,由于熊猫债二级市场流动性较弱,特别是非公开方式发行的熊猫债,需要考虑额外的流动性点差作为流动性风险的补偿,即在中债市场隐含评级的基础上,考虑流动性点差以更好地实现熊猫债的估值定价。

表 3　熊猫债的评级公司评级与中债市场隐含评级对比

债券代码	债券简称	境内评级公司评级(主体评级)	境内评级公司评级(债项评级)	境外评级公司评级(主体评级)	中债市场隐含评级(债项评级)
091508001	15 韩国人民币债 01		AAA		AAA
091609001	16 加拿大 BC 省人民币债 01			AAA	AAA
091611001	16 波兰人民币债 01	AAA	AAA		AA
091505001	15 中银香港债 01	AAA	AAA	Aa3	AAA

（续表）

债券代码	债券简称	境内评级公司评级（主体评级）	境内评级公司评级（债项评级）	境外评级公司评级（主体评级）	中债市场隐含评级（债项评级）
091506001	15 汇丰香港债 01	AAA	AAA		AAA
091507001	15 渣打香港债 01	AAA	AAA		AAA−
061610001	16 创兴银行债 01	AAA	AAA	BBB+	AA+
091613001	16 加拿大银行债 01	AAA	AAA		AAA−
041651029	16 中芯国际 CP001	AAA	A−1		AAA−
041658050	16 华润水泥 CP001	AAA	A−1		AA+
041653061	16 中电国际 CP001	AAA	A−1		AAA−
011698844	16 招商局港 SCP001	AAA		Baa1	AAA−
101673008	16 华润置地 MTN001（3 年期）	AAA	AAA	Baa1	AAA−
101673009	16 华润置地 MTN001（5 年期）	AAA	AAA	Baa1	AAA−
101669019	16 中芯国际 MTN001	AAA	AAA		AAA−
101652036	16 华润水泥 MTN001	AAA	AAA		AA+
101654082	16 恒安国际 MTN001	AAA	AAA		AA+
101653043	16 九龙仓 MTN001	AAA	AAA		AA+
101658067	16 中药控股 MTN001	AAA	AAA		AA+
031553046	15 戴姆勒 PPN003				AAA
031653012	16 戴姆勒 PPN001				AAA
031653017	16 戴姆勒 PPN002				AAA
031653018	16 戴姆勒 PPN003				AAA
031653014	16 威立雅 PPN001				AA+
125614	15 宝龙 01	AA+	AA+	B+	AA−
125615	15 宝龙 02	AA+	AA+	B+	AA−
125611	15 碧园 01	AAA	AAA	Ba1	AA

（续表）

债券代码	债券简称	境内评级公司评级（主体评级）	境内评级公司评级（债项评级）	境外评级公司评级（主体评级）	中债市场隐含评级（债项评级）
136537	16GLP01	AAA	AAA		AAA-
136538	16GLP02	AAA	AAA		AAA-
135700	16宝龙01	AA+	AA+	B+	AA-
135701	16宝龙02（1）	AA+	AA+	B+	AA-
145208	16宝龙03	AA+		B+	AA-
145209	16宝龙04	AA+		B+	AA-
135261	16碧园01	AAA	AAA	Ba1	AA
135355	16碧园02	AAA	AAA	Ba1	AA
135531	16碧园03	AAA	AAA	Ba1	AA
135796	16碧园04	AAA	AAA	Ba1	AA
135797	16碧园05	AAA	AAA	Ba1	AA
136575	16光控01	AAA	AAA		AAA-
136576	16光控02	AAA	AAA		AAA-
136855	16光控03	AAA	AAA		AAA-
136856	16光控04	AAA	AAA		AAA-
135358	16国际01	AA	AAA		AA-
135598	16国际02	AA	AAA		AA-
135658	16合景01	AAA	AAA	Ba3	AA
135693	16合景02	AAA	AAA	Ba3	AA
145016	16合景03	AAA	AAA	Ba3	AA
145017	16合景04	AAA	AAA	Ba3	AA
145018	16合景05	AAA	AAA	Ba3	AA
135585	16合生01	AA+	AA+	B3	AA

(续表)

债券代码	债券简称	境内评级公司评级(主体评级)	境内评级公司评级(债项评级)	境外评级公司评级(主体评级)	中债市场隐含评级(债项评级)
118667	16 汇源 01	AA			A+
118835	16 汇源 02	AA	AA		A+
114069	16 汇源 P3	AA			A+
135068	16 世茂 01	AAA		Ba2	AA+
135696	16 世茂 02	AAA		Ba2	AA+
135879	16 世茂 03	AAA		Ba2	AA+
135880	16 世茂 04	AAA		Ba2	AA+
135881	16 世茂 05	AAA		Ba2	AA+
136587	16 水务 01	AAA	AAA		AAA
136588	16 水务 02	AAA	AAA		AAA
135690	16 雅居 01	AA+	AA+	Ba3	AA
135882	16 雅居 02	AA+	AA+	Ba3	AA
135883	16 雅居 03	AA+	AA+	Ba3	AA
118879	16 禹洲 01	AA+	AA+	B1	AA-
136323	16 越交 01	AAA	AAA	Baa2	AAA-
136324	16 越交 02	AAA	AAA	Baa2	AAA-
136804	16 越交 03	AAA	AAA	Baa2	AAA-
136806	16 越交 04	AAA	AAA	Baa2	AAA-
135056	16 中燃 01	AAA	AAA		AA
136802	16 中燃 G1	AAA	AAA		AAA-
136605	G16 北控 1	AAA	AAA		AAA

数据来源:中央结算公司,Wind 资讯,大智慧

三、限制熊猫债市场发展的因素

自 2015 年以来,随着熊猫债市场建设的逐步完善,其发债数量显著增加。截至 2016 年末,熊猫债存量规模已超过 1300 亿元人民币,相较于中国债券市场近 66 万亿元人民币的市场规模而言仍然偏小,市场流动性较弱。熊猫债市场的发展面临以下挑战:

1.会计制度转换成本高。熊猫债发行人需根据中国会计准则或中国认可的与中国会计准则等效的会计准则编制财务报告。目前,只有中国香港和欧盟的会计准则与中国会计准则等效,熊猫债发行人也主要集中为无须进行会计准则转换的中国香港及中资红筹企业。对于希望发行熊猫债但财务报告并非根据欧盟或中国香港采用的财务报告准则编制的发行人而言,高昂的会计准则转换成本则降低此类发行人的发行热情。

2.熊猫债多采用非公开发行方式,信息披露水平有待提高。在当前存续的 72 只熊猫债当中,近 60% 的债券采取了非公开发行方式,有的发行主体既未披露主体及债项评级,也未公布相关财务数据。此外,部分公开发行的熊猫债豁免提供信用评级,但是从投资者角度,也不利于信用风险的揭示,降低了市场参与者的投资意愿。

3. 熊猫债"多前台、多后台"市场格局,增加市场投资者开户难度,提高交易成本。目前,熊猫债主要交易流通于银行间和交易所市场。银行间市场交易流通的熊猫债发行和交易主要依托于外汇交易中心和北金所两个前台交易平台,后台登记和托管则主要集中于中央结算公司和上海清算所。交易所市场交易流通的熊猫债则主要在上交所、深交所交易并集中托管于中国证券登记结算公司。银行间市场熊猫债"双前台、双后台"的市场格局，使得初进入银行间债券市场的海外用户需要在多个前、后台重复开立账户，提高了海外投资者的交易成本，一定程度上限制了熊猫债的投资者范围，降低了熊猫债市场流动性。

四、促进我国熊猫债市场发展的建议

随着人民币资本市场持续开放和人民币国际化的不断推进，近年来熊猫债取得了令人瞩目的发展。熊猫债的出现，不仅丰富了人民币计价资产的品种，使希望参与中国债券市场的国际投资者获得了新的投资渠道。同时，境外债券发行人也可从位居全球第三大的债券市场进行人民币融资。然而，目前我国熊猫债二级市场整体流动性偏弱，信息披露、制度建设等方面有待进一步完善加强，建议从几个方面着手：

1. 完善熊猫债二级市场做市机制。一是强化承销商对熊猫债进行二级市场做市和促进交易的义务，如安排承销商在二级市场主动提供其所承销的熊猫债报价并维持一定的份额。二是采取有效措施鼓励和支持做市商做市，如对做市表现好的做市商给予更多信用类债券的承销额度。

2.鼓励熊猫债公开发行，加强信息披露。由于中国投资者对熊猫债发行人并不了解，熊猫债的信息披露尤为重要。然而，对于采用非公开方式发行的熊猫债，其信息披露要求较弱，一些发行主体连最基础的财务数据也未向市场公开，投资者更难以对发行主体的信用状况作出合理判断，只能避而远之，进一步降低熊猫债的流动性。因此，建议鼓励熊猫债采用公开方式发行，发行主体应向中国投资者披露至少和境外投资者等同的信息，增加信息披露的透明度，吸引投资者的关注，提高熊猫债市场的流

动性。

3.推动建立统一的债券托管体系。从国际经验看,一个高效运转的债券市场需要统一的托管结算体系,如美国的债券托管结算体系由交易后处理一体化的全美证券托管清算公司(DTCC)负责。然而,中国的现状是后台多元化,投资者需要在多个机构需要开立托管账户,降低结算效率,增加交易成本。从债券市场长远发展看,建议建立统一的债券托管体系,以更好地保障市场的稳健运行,促进市场的整体有序发展。

4.完善制度建设,防范金融风险。引进境外主体到境内市场发债可以推动我国债券市场的发展,特别是对推动人民币国际化具有重要意义。在开放境内债券市场的同时,应以防控金融风险为前提,加强信息监测和风险预警,防范境外发债主体违约风险的发生,完善相关投资保护措施。同时,规范相关法律法规,建立国际追索机制,在风险出现以后,探讨如何进行跨境和跨法律区域的追偿和破产程序,防范各类风险的发生。

我国中央证券托管业务创新与多元化发展研究

陈　涛　乔　博

摘　要:本文通过剖析中央证券托管业务创新与多元发展的内涵与外延,以市场发展、监管改革、产品创新、技术应用作为切入点,分析了中央证券托管系统发展的国际经验,并结合我国金融市场发展的实际情况,给出相应的发展建议。

关键词:中央证券托管　创新发展　多元化发展

近年来,随着我国金融市场功能不断深化和人民币国际化水平不断加深,中央证券托管系统(CSD)在金融市场发展中的作用日益显著。监管制度的调整、市场结构的变化和金融科技的革新也对 CSD 业务创新与多元化发展提出更严格的要求。

一、CSD 发展的国际经验

根据国际清算银行和国际证监会组织 2012 年发布的《金融市场基础设施原则》(以下简称《原则》),广义 CSD 通常包含证券结算等职能,即提供证券账户、转让、结算、集中保管服务和资产服务的系统及其运营机构,其具体经营活动会因所在辖区和市场惯例的不同而不同。本报告讨论的是广义 CSD 业务创新与多元化发展。

（一）CSD 发展的内涵

在金融市场的发展中,CSD 作为市场的维护者、组织者、引领者实现资本配置效用最大化,促进金融稳定和经济增长。

一是 CSD 作为市场维护者维护市场秩序。CSD 作为货币政策和财政政策的操作平台,也是金融市场监管的重要抓手,能够决定国家宏观调控和有效监管的水平,影响金融稳定与经济发展（水汝庆,2016）。在各国金融基础设施维持证券托管结算体系完整与统一的同时,CSD 也为市场提供更专业的服务,如美国证券托管清算公司（DTCC）为帮助其客户履行最新的监管规定提供解决方案等。

二是 CSD 作为市场组织者,决定了金融市场定价与资源配置的运行效率。在金融交易复杂化不断加深的背景下,CSD 的业务创新与多元化发展使其在金融基础设施中的主导地位日趋显著（刘铁峰,2009）。例如,欧清集团（Euroclear）与 DTCC 合资成立跨境担保品管理公司、与欧洲电子交易平台共建担保品交易所等。

三是 CSD 作为市场引领者将金融科技应用于证券托管结算领域,推动市场深入发展。CSD 的建设和管理水平能够决定产业资本积累的规模和效率,推动金融市场的发展。

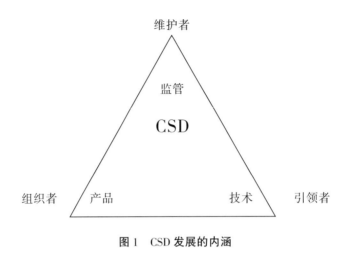

图 1　CSD 发展的内涵

（二）CSD 发展的外延

从整体趋势上看,各国证券托管结算领域呈现集中统一发展趋势。一是集中统一发展的优势在于释放网络效应与规模效应(张国平,2007)、维护金融市场统一互联(徐良堆,2016)、提高清算与结算效率(Lannoo & Levin,2004)、加强市场监测和风险管理。二是证券托管结算体系是金融市场风险防范的核心环节,托管结算风险的积聚和扩散会诱发金融市场的系统性风险。分裂的证券托管结算体系无助于衡量金融市场的系统性风险,也有可能误导部分金融行业的发展趋势,扩大金融风险(刘星,2007)。因此,集中统一的证券托管结算不仅是一个国家金融发展的外在需求,也是金融稳定的内在需求。

从监管趋势上看,CSD 的法律规制呈现标准化、精细化特点。一是金融监管趋严和全球 LEI 体系的逐渐成熟的背景下,CSD 的标准化建设提升服务的便利性和可比性。例如,CSD 的通信程序、结算周期等基础业务的标准趋同。二是由于各国金融市场结构、监管制度和金融业务存在不同的特点,CSD 风险管理的精细化将提升监管的前瞻性和有效性,强化对市场风险的把控力和对自身运营风险的管理。

从产品趋势上看,CSD 的服务呈现多元化、国际化特点。一是金融工具日益丰富和托管结算周边服务需求的增加,为 CSD 多元化发展提供了空间。二是经济全球化和区域经济一体化的背景下,国际化 CSD 有助于市场整合(张建国,2016)。

从技术趋势上看,CSD 的技术应用呈现前沿化、专业化特点。一是CSD 需要保持对新技术、新产品的敏锐力和研发能力,以充分满足和挖掘市场需求。例如,DTCC 探索区块链技术、人工智能、机器学习在证券托管结算领域的应用等。二是 CSD 应保持专业化以便应用和传播新兴技术。例如,日本政府和金融基础设施向缅甸提供制度、技术、设备等支持当地市场建设。

图 2 CSD 发展的路径

CSD 创新发展的路径不是独立的,整体趋势、监管趋势、产品趋势、技术趋势相互关联。例如,高效的风险防控要求证券托管结算领域具有集中统一的 CSD,通过多元化发展匹配市场发展需求,以国际化、专业化标准收集、分析数据,并不断尝试前沿技术的应用和推广。

二、CSD 发展的国际经验

目前,我国形成了涵盖全国性和行业性市场的金融基础设施体系。全国性基础设施较为完整,行业性基础设施分工明确,金融基础设施建设水平总体稳健(IOSCO,2012)。以下通过市场结构、法律基础、国际化发展、技术创新对整体趋势、监管趋势、产品趋势、技术趋势进行国际比较。

(一)市场结构

在集中统一和风险防控发展的趋势下,证券托管结算系统可能会形成全球性统一或区域统一的金融基础设施(Schmiedel,2006)。在全球性或区域性 CSD 面前,各国 CSD 可能会模仿特别提款权(SDR)机制进行建设。以证券结算系统为例,金融市场规模、清算结算规模、金融基础设施结构等参数必然会影响各国在结算领域的话语权。鉴此,集中统一的 CSD 将有助于提高一国金融影响力和竞争力。二十国集团中,美国、英国、加拿大、法国、德国、意大利、澳大利亚、俄罗斯、韩国、墨西哥、南非等国家均实现单一 CSD 结算体系;日本、沙特、印尼在非政府债券领域实现了单一 CSD 结算;阿根廷、巴西、印度、土耳其和中国存在不同程度的市场分裂。

市场结构分散化也可能影响金融系统的稳定。一是设计不合理或运行不得当,可能加剧系统性风险的传播。二是扭曲金融活动和市场结构,增加更大范围金融体系的风险。三是影响公共政策目标的实现。金融基础设施可能成为流动性错配和信用风险冲击的源头,在金融危机的历练下,金融基础设施的管理逐渐形成规范的体系。如 DTCC 为保障金融市场的安全性,建立风控系统(SIFMU)对自身运营风险和市场风险进行持续的数据监测、内审,通过跨系统、跨部门交叉验证进行风险的识别、跟踪。

(二)法律基础

托管结算体系的稳定运行依赖于完善、健全的高位阶立法保护。从国际实践上看,各国形成了法律、部门规章和自律管理相结合的法规框架。法律方面,如美国《多德-弗兰克法案》、欧盟《欧洲市场基础设施监管规则》、韩国《金融投资服务与资本市场法案》等;部门规章方面,各国监管机构针对各自监管领域制定监管规定;自律管理方面,各类行业规范保障了金融基础设施相关规则、协议的强制力和完备性。同时,为确保同一金融基础设施满足不同监管部门的要求,各国还建立了监管协调合作机制。如美国《多德-弗兰克法案》要求,美联储、美国证监会、美国商品期货交易委员会通过参与金融稳定监督委员会(FSOC)加强监管协调。

我国证券基本法没有覆盖全市场,证券托管结算领域部门规章的位阶较低,部分业务缺乏法律规范,造成托管结算法律基础相对薄弱(徐良堆,2016)。

(三)国际化发展

一是 CSD 的国际互联、合作。在市场的发展和实践中,不同类型的金融基础设施之间相互连接、依赖已成常态,主要模式是机构合并、系统联网、信息标准化、业务合作(梅世云,2013)。如 LCH Clearnet 联合清算所的成立、市场互联公司的组建、ISO20022 标准的推出、跨国 CSD 合作等。

二是 CSD 服务的国际化。由于国际投资便利度的提高,投资者可能存在跨国担保、结算需求。如 DTCC 推出库存管理服务(Inventory Management Service)能够为国际投资者提供便捷的抵押品管理服务,投资者可以使用其他国家 DTC 账户中资产作为抵押品,而无须移动资产至其他账户。

CSD 国际化发展的目的在于加强各国市场间的互联互通,进而实现统一的区域性或全球性金融市场。即便从区域性市场建设来看,仍存在较多阻碍,如各国经济发展不平衡、金融市场发展不平衡、缺乏政策协调、立场存在差异、跨国配套缺失、避险机制缺失等(赵锡军,2006)。

(四)技术创新

随着金融科技的不断发展,人工智能、区块链、云计算、大数据分析、机器学习、移动互联等手段正逐步应用于证券结算领域。以区块链为例,DTCC 设立了区块链战略与研究部,联合了数字资产控股公司(DAH)试验区块链技术在美国国债和代理回购协议交易中的应用。区块链技术具有数据公开、不可篡改、去中心化、去信任化的特点,但目前仍存在单笔交易规模限制、交易笔数限制、确认交易时间慢、管理难度大等缺陷,同时,分布式账簿内与账簿外的资产整合也是未来急需解决的问题。

三、我国 CSD 的创新与多元化发展建议

"十三五"规划纲要提出,开发符合创新需求的金融服务,建立安全高效的金融基础设施。基于市场发展、监管改革、产品创新、技术应用的国际经验,我国 CSD 可从以下方面进行创新与多元化发展。

(一)以守正出新作为发展原则

对于金融基础设施来说,清算、结算等业务收入取决于市场规模,提

升基础业务的服务质量、维护市场平稳有序发展是创新与多元化发展的前提。一是提升 CSD 基础业务的安全性和有效性。安全性是指 CSD 应不断加强风险管理,包括自身运营风险管理、市场风险监测等;有效性是指开户、转让、结算、集中保管服务、资产服务的效率和成本控制。二是定期复核 CSD 的恢复与处置计划。同时,创新发展还应注重市场效率与社会公平的平衡、政府推动与公众参与的协调、国际形势复杂多变的挑战等(孙国峰,2017)。

然而,我国债券市场登记托管结算的分散化和互不联通,加剧了债券市场的分割,也不利于快速获取和把握债券市场整体情况,难以形成有效的风险监测、评估和处置机制,降低了债券市场的安全和效率。鉴此,一是持续推动我国债券市场登记托管结算的集中统一,再进一步争取实现证券市场登记托管结算的集中统一。二是建议研究建设金融数据平台,在加强信息共享和统一标准的基础上,引导各类金融基础设施深入挖掘数据,完善数据利用。三是建立跨部门的金融风险预警机制,发现潜在风险及时与监管部门沟通。四是设置全链条风险预警指标,提升监管的前瞻性和有效性。

(二)夯实法律基础,推动监管改革

债券市场作为金融的关键领域之一,其发展程度是衡量一个国家金融市场发达程度的重要标尺。"十三五"规划纲要提出,统筹监管系统重要性金融机构、金融控股公司和重要金融基础设施,统筹金融业综合统计,强化综合监管和功能监管。

一是研究推动金融基础设施监管基本原则的制定。各监管部门应依据明确的法律授权对相关基础设施进行专业化、精细化监管。二是厘清监管职责,推动监管改革。金融基础设施监管应基于现有行业格局和监管框架,完善信息共享和监管协调合作机制。

(三)加强标准化建设

证券信息标准化是实现高效证券结算跨国直通处理的前提。由于信息共享的不充分和标准不一致等问题,证券托管结算领域的数据归纳整理、分析加工和挖掘利用深度不足。一是研究建立统一的数据信息统计标准,提升跨市场数据信息的可比性,完善现有数据统计系统功能。二是研究统一数据报送时点,提高数据报送的及时性和规范性。

(四)持续推进国际化发展

"十三五"规划纲要提出,提高金融机构国际化水平,加强海外网点布局,完善全球服务网络,提高国内金融市场对境外机构开放水平。CSD 应以"一带一路"建设为契机,丰富对外开放内涵,提高对外开放水平。一是研究证券托管结算领域制度、技术、服务出口的可行性,加强"一带一路"沿线国家金融市场的互联互通。二是研究建设区域性担保体系,建立区域性评级机构,设立区域性评级标准等。

(五)探索、应用、推广技术创新

金融科技不仅仅预示市场发展的未来走向,同时会影响现有金融交易模式,进而影响传统托管结算业务的开展。CSD 作为市场引领者应加强对创新技术探索,例如区块链在代理行结算、证券报文、数据公开发布方面的探索应用(Wim Raymaekers,2015),人工智能、机器学习等技术在风险管理方面的探索应用等。鉴于此,一是跟踪金融科技前沿发展,探索创新技术的应用,评估其对传统业务的影响。二是研究新技术应用的必要性,结合金融监管部门的相关要求,做好投资者教育和过渡期安排。

参考文献:

[1]Lannoo K, Levin M. Securities Market Regulation in the EU:Everything You Always Wanted to Know about the Lamfalussy Procedure[J]. Security Market Regulation in the Eu, 2004: 1-34(34).

[2]Raymaekers W. Cryptocurrency Bitcoin:Disruption, Challenges and Opportunities[J]. Journal of Payments Strategy & Systems, 2015:30-46(17).

[3]SchmiedelH, Malkamäki M, Tarkka J. Economies of Scale and Technological Development in Securities Depository and Settlement Systems[J]. Journal of Banking & Finance, 2006, 30(6): 1783-1806.

[4]刘铁峰. 中国债券市场法规建设情况浅析[J]. 证券市场导报,2009(4):17-24.

[5]刘星. 优化我国证券结算模式的几点建议[J]. 宏观经济研究,2007(4):43-45.

[6]水汝庆. 以专业新服务推动债市新发展[J]. 债券, 2016(1):11-13.

[7]梅世云. 国际证券托管结算体系研究[M]. 北京:中国金融出版社,2013.

[8]徐良堆. 债券中央登记托管体制及中央结算公司的实践[J].债券,2016(11):30-33.

[9]张建国. 加强金融基础设施建设 助推银行业持续健康发展[J].中国银行业, 2014 (Z1).

[10]张国平. 论证券结算制度的设计与实施(上)[J]. 中国货币市场,2007(2):50-54.

[11]赵锡军, 刘炳辉, 李悦. 亚洲统一债券市场的进程、挑战与推进策略研究[J]. 财贸经济, 2006(5):23-27.

债券置换招标的运行机制与国际经验介绍及对我国的影响分析

吴亚洲　王　桂　谢　斐

摘　要: 债券置换招标作为一级市场的典型创新机制以及债券管理的标准化工具之一,已被美国、英国、德国、法国等30多个发达经济体所广泛采用。国际经验表明,债券置换招标在提高债券二级市场流动性、平滑发行人负债期限结构、助力一级市场发行成功等方面起到了积极作用。本文将从债券置换招标的基本原理出发,结合当前多国的经验,深入分析置换招标在不同国家差异化的运行机制。与此同时,本文将结合我国债券市场的改革发展进程,分析引入置换招标机制可能为我国债券市场带来的现实意义与风险挑战。

关键词: 债券置换招标　二级市场流动性　基本原理　运行机制　市场意义　风险挑战

一、债券置换招标的研究背景

（一）基本概念

债券置换，是指发行人向投资者发行置换债券，同时从投资者手中以一定价格换回被置换债券的行为。广义债券置换包括现金购回和债券置换两种形式；狭义的债券置换又分为债券置换要约和债券置换招标两种主要形式。本文我们主要探讨狭义债券置换中置换招标的相关内容。

（二）研究原因

近年来，债券置换招标作为标准化的债券管理工具，逐渐引起各国主权债务管理当局的重视，在全球各大经济体中的应用也日益广泛。本文将债券置换招标作为研究对象，基于以下两点原因。

1.债券置换招标有利于债市整体发展完善

债券置换招标的运用对于债券一级二级市场都具有深远意义。一级发行市场方面，其可帮助发行人降低融资成本、平滑债券还本付息现金流分步；二级市场方面，其可增强目标期限债券的二级市场流动性，同时提升关键期限债券的存量规模，利于债券市场的发展完善。

2.债券置换招标可促进我国债市改革创新

相对于发达经济主体，目前我国债券一级市场以传统的发行方式为主，对于债券置换等创新发行操作较为陌生。引入债券置换招标，可丰富我国债券市场发行方式，推动债券发行机制不断创新，同时加快一级市场改革进程，促进我国债市整体的转型与发展。

（三）研究目的

本文的研究目的在于，通过分析债券置换招标的基本原理，展现各国开展债券置换工作的先进经验及差异化运行方式,同时揭示债券置换操作的市场意义、风险防范措施及其未来对我国债券一级发行市场创新带来的机遇与挑战。

(四)文章结构

本文主要从三个方面对债券置换招标展开研究讨论。首先是介绍置换招标的基本原理,包括置换招标的主要类型、定价方式、结算方式等。其次,我们将结合具体实例,介绍世界各国置换招标的实践经验及各自差异化运行方式。最后本文将根据置换招标的自身特点,分析其发展对我国债券一级市场创新带来的积极意义与风险挑战。

二、债券置换招标的基本原理

(一)基本概念

债券置换招标是指发行人规定置换债券与被置换债券其中一种债券的价格,并通过事先确定的招标方式,对另一种债券价格进行竞争性招标的发行方式。其基本特征是用二级市场存量债券交换一级市场的新发债券。

置换招标对债券期限的要求较为宽松,无须置换债券与被置换债券的期限完全相同。在实践中,发行人为了满足机构投资者的需求,反倒更倾向于以长期债券置换短期债券,以提升二级市场流动性,解决关键期限债券供给需求不匹配的问题。

(二)定价方式

置换招标的定价方式分为被置换债券价格招标和置换债券价格招标

两种。被置换债券价格招标是指发行人事先规定置换债券的价格,再以被置换债券的价格作为投标标的进行竞标,竞标形成的中标价格为被置换债券最终的市场公允价格。置换债券价格招标正好相反,即发行人事先规定被置换债券价格,通过招标确定置换债券价格的招标方式。

(三)置换方式

债券置换招标的置换方式分为等面值置换与等金额置换两种基本形式。

1.等面值置换

等面值置换是指债券置换前后面值相等的置换方式,被置换债券数量和参考结算金额计算公式为:

被置换债券数量=置换债券中标数量

结算金额=置换债券中标数量×置换债券中标价格-被置换债券数量×被置换债券价格(若计算结果为正,则中标人向发行人缴款,若为负,则发行人向中标人缴款)

等面值置换的特点为:涉及一定量的现金划转,但不会出现零散债券,托管流程相对简单,可操作性强。

2.等金额置换

等金额置换是采用债券置换前后结算金额(全价)相等的方式,被置换债券数量计算公式为:

被置换债券数量=置换债券中标数量×置换债券中标价格/公布的被置换债券价格

等金额置换的特点为:置换前后结算金额不变,没有额外的现金变化;但轧差后将出现零散债券,且散量债券正常交易受限较大,不利于投资者进行债券管理。

（四）结算方式

债券置换招标结算方式有全额结算和净额结算两种。

1.全额结算

全额结算指在债券置换招标后发行人和投资人按照双方应缴数额全额进行结算并双向缴款。

2.净额结算

净额结算指在债券置换招标后，系统根据公式计算得出双方轧差缴款净额，发行人和投资人按照轧差后的净额单向缴款。

三、债券置换招标运行的国际经验

（一）债券置换招标操作频率与规模

整体而言，各国在债券置换招标操作频率与规模上差异较为显著，其既取决于发行人自身的操作目标，也关乎本国的金融市场环境。

1.将债券置换视为常规操作

通常将债券置换视为常规操作的国家，在操作目标上更侧重提高债券二级市场流动性，同时伴随拉长负债久期的考虑，如针对基准债或与通胀挂钩的浮息债进行债券置换。此类置换能够以流动性较好的新券置换出已基本丧失流动性的老券，直接改善债券的市场流动性。在操作次数方面，每年5~10次可视为中值水平。经济合作与发展组织（OECD）调研结果显示，加拿大、瑞典等39%的国家将债券置换作为一项常规操作，整体操作频率较高，使用较为频繁。

2.将债券置换视为特定操作

将债券置换视为非常规操作的国家,操作时点选择多取决于各国在不同时间段内的特定操作需求。在非正常市场环境下,债券置换操作可服务于特定需求,如提高基准债流通规模、优化发行人负债结构、降低再融资风险等目标等。OECD调研数据表明,有大约61%的发达经济体会根据实际情况进行定期的债券置换操作,以对冲特别时期内期限结构不匹配、还本付息高度集中等情况;而比较常见的操作频率从每年2~3次至每月一次不等,整体差异较为显著。

(二)参与置换招标的标准券选择

世界各国对参与置换招标的债券选择标准有所不同,一般而言,被置换债券和置换债券选择标准主要由发行人决定。

1.被置换债券的选择标准

从满足发行人目的角度出发,被置换债券的选择标准一般包括:低流动性、高票息性以及较短的代偿期。其中,选择低流动性的被置换债券利于盘活存量市场,在赎回低流动性存量债券的同时补充新发关键期限品种,满足市场多元化需求;选择高票息债券易于债券在债市下行区间内呈现高溢价状态,回收高成本债券,降低未来还本付息所需现金流;选择较短代偿期债券进行置换,可延长债券的平均债务期限,平滑债券期限结构,减轻债务到期高峰时的支付压力。

2.置换债券的选择标准

置换债券选择的标准一般包括:可熨平债务到期分布、低息票率、高流动性且满足关键期限的债券品种。其中熨平债务到期分布和节约未来付息成本作为置换招标的核心目标之一,也是发行人选择置换债券的主要标准;置换债券低息票率、高流动性的特征与被置换债券互补,实现降低还本付息成本与提升流动性的双重目标;关键期限品种可在资金盈余较多的情况下保证关键期限债券的供给,在维持市场供需平衡的前提下进一步激发交易热情。

3.各国对参与置换招标债券的选择

表1　2016 年各发达经济体对参与置换招标债券的选择标准及目的

国家	被置换券	置换券	目的
加拿大	剩余期限在 1~25 年,流动性差的高票息债券以及某些量大且不活跃的债券	5 年、10 年和 30 年期基准债券	在资金盈余时期维持一定的发行规模,增强债券市场流动性及管理债务到期结构
瑞典	只对指数挂钩债券进行操作,选择老券和流动性较差的债券	新发期限近似的债券	增加债券二级市场流动性;平滑债务结构,减少再融资风险
澳大利亚	剩余期限在 4~5 年的债券	剩余期限 9~11 年的债券	增强长期基准债券二级市场流动性,实现主动债务管理的目的
韩国	5 年期和 10 年期品种	3 年、5 年和 10 年品种,3~10 年期比重占发行量80%	完善关键期限收益率曲线

表 1 列举了将置换招标视为常规操作的四大经济体对参与置换招标债券的选择标准。由表可见,债券的主要选择标准覆盖了上述票面利率、流动性及期限等关键因素,具体依据各国置换招标的操作目的不同而有所侧重,彼此互有差异。

(三)债券置换操作参与者范围设定

依据经验分析,目前世界各国对债券置换参与者范围设定方式主要分为三类。

1.开放式

开放式置换招标即对所有合格的债券投资者开放,其操作主要目的为降低再融资风险。由于操作使用频繁,规模较大,需要最大程度激发投资者参与热情,在面对比较分散的投资群体时,选择开放式债券置换更有利于吸引高质量投资者。

2.半开放式

半开放式即债券置换招标过程只能有承销团成员参与,但其他机构可通过承销团成员申报需求。此类债券置换操作主要目的为完善一级市场承分销制度,同时提高债券二级市场流动性。面对亟待提升流动性的二级市场,选择半封闭式操作可在扩大投资者参与范围的同时保证债券置换操作的便利性,提高投资者的交易积极性。

3.封闭式

封闭式是指仅允许承销团成员进行一级市场竞标,其他机构一律无法参与的置换招标方式。其操作的主要目的为平滑本息偿付期限,而整体顺利应用的前提是国内债券市场良好的流动性以及较为成熟的投资者群体。面对拥有良好流动性与健全机制的债券市场,封闭式置换招标能够锁定参与者范围,降低操作成本,同时提高债券置换操作的实施效率。

四、置换招标对我国债市发展的意义与挑战

(一)市场意义

引入置换招标对我国债券市场的发展意义巨大,可在我国一级市场创新等方面产生显著推动力。整体而言,债券置换招标对于我国债市意

义如下：

1.变革传统发行机制，推动债市改革创新

以低票息的长期债置换高票息短期债，有别于我国债券市场目前传统的发行机制，是发行与结算领域的双重创新。引入置换招标可联动债券一级发行与二级流通市场，在加快整体债市改革进程的同时推动债券发行创新，促进我国债市整体的转型与发展。

2.降低存量债券余额，完善二级交易市场

促进债券二级交易市场的发展完善，提升二级市场流动性是债券置换招标的核心意义之一。运用置换招标可使发行人在发行高流动性新券的同时，将已基本丧失流动性的老券清理出二级市场，降低我国存量债券数量，减轻债券市场承载量，推动建立更加完善的二级市场。

3.提高发行安全边际，助力债券发行成功

提升债券发行的安全边际，助力债券发行成功是置换招标的另一大优势。由于置换招标操作可注入新发的高流动性债券，且承销商仅需在缴款环节进行以旧换新操作，无须占用高额现金支付竞标所得的债券，投资人普遍对置换债券具有较高认可度和认购积极性。因此引入置换招标可较大程度上提升我国债券发行的安全边际，促进债市健康稳定发展。

4.缩小利率风险敞口，保障融资安全稳定

在市场波动较为剧烈时，利用一级市场存量债券置换新发债券能够较大程度上规避二级市场利率波动以及价差扩大问题，降低投资者面临的市场利率风险与操作执行风险。此外，将浮息债券置换为固息债券，还有利于降低利息支出扩大的风险，保护发行人切身利益。

(二)风险挑战及防控措施

债券置换招标带来的风险主要分为市场风险和操作风险,这也是目前将债券置换引入我国发行机制所面临的两个重大挑战。

1.市场风险

市场风险多因利率波动所致,即由于市场中常见的政治经济事件导致置换公告日与置换招标日之间利率发生波动,最终对发行人及承销商的发行投标带来不确定性。

为了避免债券置换带来的市场风险,国际常见的做法是预先设定一个合理的价格(设定置换债券与被置换债券其中之一),债券置换过程通过竞争性招标完成,由投资者报出置换数量和未定价债券的价格,但发行人保留最后的定价权。此时发行人可以根据具体市场情况来适度调整置换价格。

2.操作风险

操作风险更多在于债券置换操作失败所带来的风险,尤其是在需要复杂的债券置换操作时,一旦置换招标发行未成功(如承销商配合进行债券置换的意愿很低等),很容易误导市场释放关乎发行人信誉的负面信号。

为了避免操作风险,发行人通常对同一只老券进行分批次不定量债券置换操作,并置换为不同品种的新券,每次债券置换后可评估效果,在下次招标中进行改进,降低操作失败的风险。

五、总结

整体而言,债券置换招标作为一级市场的典型创新机制已在全球范围内被广泛应用;其本身可联动债券一级发行及二级交易市场,具有显著的市场意义,但同时也具备一定的市场风险与操作风险。着眼当前,在我国债券市场改革创新持续推进的过程中,引入置换招标势在必行,而此类创新机制的运用也将进一步促进我国债市整体的快速健康发展。

参考文献:

[1]李彩艳.借鉴国外经验　发展我国公司债券市场[J].经济工作导刊,2006.

[2]李德.我国债券市场的改革与发展[J].金融与经济,2006(4).

[3]刘梅生.债券发行走市场化与金融创新的路子[N].金融时报,2006(8).

[4]南玉梅.债券管理制度的独立性建构及其立法完善[J].证券法律评论,2017.

[5]孙德晶.我国债券市场的功能研究[N].经济日报,2008.

[6]孙妙月.我国非金融企业债务融资工具一级市场研究[D].上海证券报,2010.

[7]唐毅亭.对目前金融债券发行市场的几点思考[J].农村金融研究,2017.

[8]王辰.宏观经济政策对金融创新要有反危机手段[N].上海证券报,2008.

[9]熊丹.浅析我国债券发行方式的创新[J].经济工作导刊,2017.

[10]于建忠.中国债券市场定价过程中的主体行为研究[J].金融研究,2006.

[11]政策性银行债券发行与金融创新[N].经济日报,2006.

跨境担保品业务开展模式探究

陈哲钰　陶　非　江依依

摘　要：金融行业的蓬勃发展,各国资本市场互动日益频繁,促使各大金融机构逐渐将业务疆域扩展至跨境机构和投资者,金融机构间的跨境业务量剧增,对跨境担保品的需求也不断提升。为了实现担保品在跨境业务中的使用,中央结算公司与各大商业银行在该领域内创新思维,积极拓展,均做出了新的尝试。本文对目前国内金融机构开展的跨境担保品模式进行了总结,并对国际同业机构的跨境担保品业务进行了研究,归纳出跨境担保品的开展模式,并对跨境担保品业务的发展在法律制度完善、开放程度扩大、人民币影响力增强、跨境托管机构互联方面提出了建议。

一、综述

（一）背景情况

1.担保品业务发展迅猛

随着我国金融市场整体规模的不断扩大和开放的日益深入,高效的债券担保品管理服务作为市场重要的安全运行保障而逐渐受到重视,也得到广泛使用。央行、财政部等监管部门的相关业务,如中国人民银行大额支付系统自动质押融资、小额支付系统质押额度管理、地方国库现金管理、社保基金管理、中期借贷便利、常备借贷便利、互换资金借贷、支小支农再贷款等,都已大量使用担保品进行风险管理。此外,其他金融市场的相关业务,如担保贷款、协议存款,采用担保品来覆盖风险敞口也已十分普遍。各类市场机构逐渐将信用程度较高的债券作为担保品纳入日常金融活动中来,以规避业务中存在的信用风险。

截至 2016 年末,中央国债登记结算有限责任公司管理的担保品余额达到 12.2 万亿元,延续了之前的升势,较 2014 年末的 6.3 万亿接近翻番（如下图所示）。

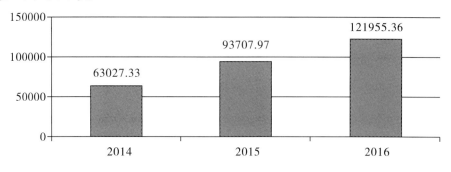

图1　2014—2016 年末担保品余额

即便如此,担保品在金融市场中的使用还未达到饱和。在 2016 年末银行间市场近 43.73 万亿的债券托管余额中,国债、地方政府债、政策性金融债的合计托管余额为 34.5 万亿。对于此部分优质担保品,从存量角度看其利用率仅为 35% 左右,因此担保品管理业务仍有较大的发展空间。

2.跨境担保品需求急剧增加

近年来,大量的境内机构也开始投身国际金融市场的相关交易。而境内机构由于其业务性质的影响,往往持有较少的合格境外担保品,因此在有关金融业务中不得不支付高额的保证金,提高了资金成本,降低了资金使用效率。因此,部分境内金融机构考虑使用境内人民币债券作为跨境业务的担保品,来为其境外业务的开展提供担保,以降低融资风险,保证业务顺畅运行。此外,金融行业的蓬勃发展,各国资本市场互动日益频繁,促使各大金融机构逐渐将业务疆域扩展至跨境机构和投资者,金融机构间的跨境业务量剧增。尤其在金融危机之后,为了进一步有效防范风险,国际市场对合格担保品的需求与日俱增。然而,海外经济的不景气,信用风险的增加,加之某些国家出现主权信用危机,导致可以作为合格担保品的政府债券也日益减少,进一步造成了海外合格担保品的紧缺。欧美市场在 2012 年爆发的"担保品危机",从本质上看就是金融危机后市场对担保品依赖的加强与合格担保品减少之间的矛盾。在此背景下,人民币债券作为价值稳定、风险较低的金融资产,在越来越多的跨境担保品业务中受到海外机构的青睐。与此同时,银行间债券市场逐步加快的开放进程也使得越来越多的国际机构成为市场中的结算成员,为其将持有的人民币债券用于支持国际市场的金融业务提供了条件。

3.全球范围内担保品的要求持续提高

与此同时,在担保品领域付诸实施的基于非中央清算衍生产品交易保证金新规也对担保品的管理提出了更为严格的要求。根据新规要求,交易方根据盯市敞口计算双方每天交付的追加保证金数额,不设门槛,且保证金必须在同一天交付。这一要求几乎将影响所有的金融企业,包括买方和卖方,涉及上万家公司。同时,新规影响下,追加保证金的频率也将有所提高,使得获得合格担保品也更加重要。随着保证金新规生效,国际市场对优质担保品的需求快速增长,需要提供担保品的交易数量显著增加,这也在一定程度上增加了担保品在国际市场的需求量。

(二)开展意义

1.推进国家人民币国际化战略

近年来,人民币作为国际化货币在国际市场上的地位逐步提高,海外投资者持有人民币资产已经有相当规模,但主要仍以存贷款和货币的形式存在。同时,中国经济的持续较快发展与海外市场经济增速放缓的大背景形成了鲜明对比,极大地激发了境外投资者投资国内金融市场,分享中国改革红利的意愿。而随着各国资本市场互动日益频繁,跨境资本投资渠道日趋多元化,也给境外投资者参与国内金融市场创造了客观条件。跨境担保品业务的不断开展将为境外投资者带来新的投资渠道,并为债券市场引入增量资金。这也将促使更多的国家将人民币纳入外汇储备体系,进一步提升人民币在支付结算中的使用频率和地位。

2.拓展跨境担保品服务领域,推进担保品跨境互认

国际化的担保品管理服务为金融机构的跨境交易提供了安全的保障。目前的跨境担保品业务的开展模式主要是以境内优质资产为担保,

实现为境外发行的相关产品增信,达到覆盖风险敞口和防范风险的目的。该模式在产品端和担保端均能有效控制风险,保证业务顺畅,因此可以形成可复制、可推广的案例,达到为金融机构的跨境交易提供风险管理,为发行人降低融资成本,以及推进人民币债券担保品跨境使用的有益作用。此外,在人民币债券形成一定影响力的基础上,境内托管机构可进一步推进跨境担保品的互认工作,为境内外金融机构金融业务的开展创建新的机制。

3.盘活境内债券存量,优化银行资产负债结构

作为跨境业务的担保品而广泛得到运用的境内债券,其在作为业务履约保障的同时,可以进一步吸引境外资金投资境内银行间市场债券,盘活境内银行持有的存量债券资产,优化银行资产负债结构,并鼓励金融机构不断加强产品创新,推进跨境业务的发展。境内债券可以直接作为境外金融产品的履约保障,也可作为基础资产打包成资产支持证券在境外发行。通过跨境业务的包装,可以进一步提升商业银行流动性,改善其资产状况,增强其抵御金融风险的能力。

二、发展现状

为了实现担保品在跨境业务中的使用,中央结算公司与各大商业银行在该领域内创新思维,积极拓展,均做出了新的尝试。中央结算公司作为跨境金融业务中担保品的管理人和代理执行人,协助市场金融机构成功打通了境内外市场,助力国内金融机构跨境发展、参与全球竞争。

(一)绿色债券发行项目

2016年9月,中国银行以其伦敦分行为主体在境外发行债券,并在普

通高级债券的基础上增加了资产担保结构，即以其总行在境内持有的债券作为担保资产池，为境外发债融资提供担保。境外投资者通过委托一家具有银行间市场交易资格的外资银行接受其总行债券的质押。中央结算公司作为担保品管理人，对该债券的担保资产池进行估值、盯市、押品评估等监控工作，同时作为执行代理人，在发生违约时履行担保资产违约处置职责。这种模式成功获得穆迪 Aa3 评级，与中国主权评级持平，体现了质押担保模式支持中资企业在境外开拓低成本融资渠道所作出的有益尝试。该业务也因其所具有的"内保外债"模式的创新性而成为跨境担保品业务领域的新突破。

（二）央行货币互换项目

2016 年 10 月，某大型国有商业银行与非洲某国央行开展货币互换业务，由商业银行的海外分支机构向该国央行提供美元资金，来互换该国央行提供的本国货币。为了保证互换合同的顺利履行及控制交易对手方的信用风险，双方约定采用债券质押的方式进行担保。该国央行提供托管在中央结算公司的国债作为担保品来向该国有商业银行出质，以为该笔交易提供担保。该业务是跨境担保品业务在货币互换业务领域的创新尝试，开启了跨境担保品业务支持的新疆域。该笔业务也突破了跨境担保品业务仅支持产品发行这一限制，实现了境内担保品对境外非产品发行类型金融活动的有效担保。

（三）资产支持证券发行项目

2016 年 12 月，某大型国有商业银行拟在境外以特殊目的公司（以下称 SPV）为主体发行资产支持证券，基础资产为我国地方政府债为主的银行间市场债券。该资产支持证券初期主要面向亚洲、欧洲地区的机构投资者,并逐步尝试扩大到美洲投资者。具体交易结构为,由在开曼群岛设立 SPV 在境外市场发行以美元为主的外币资产支持证券,发行完毕后,募集资金回流中国境内续做掉期(SWAP)或交叉货币互换(CCS)交易,转换成人民币后购买地方债或其他债券作为基础资产。该境内购买的基础资产由该 SPV 作为担保品质押给境外投资者的托管代理人,为该项目作担保。境内基础资产到期后原路径原币种出境用于支付资产支持证券的本息。该项目成功实现了以境内资产为基础资产在境外发行资产支持证券,拓展了跨境担保品业务的模式创新。

(四)债券充抵黄金交易保证金项目

2016 年 6 月,中央结算公司联合上海黄金交易所对外发布《债券充抵上海国际黄金交易中心交易保证金担保品管理服务指引》,将国债纳入黄金交易所可接受的保证金充抵物的范围。上海黄金交易所国际板的国际会员可利用其托管在中央结算公司等境内指定债券托管机构的合格债券作为信用担保,用于开展金交所延期类保证金品种的交易,从而减少国际会员人民币资金的实际占用成本。目前可使用的担保品仅限于国债,未来有望推广至其他债券品种。该业务拓展了国际会员的交易保证金来源,有效降低了资金占用成本,同时成功打通了贵金属交易市场和债券市场的联通,并激发了境外机构参与投资境内市场的热情。

三、国际经验

（一）欧清银行

1.担保品高速公路

基于自身的国际证券托管机构的属性和跨境业务传统，欧清提出了发展跨境担保品服务的框架模式——"担保品高速公路"概念。欧清通过各国中央银行和中央托管机构合作，可以得到各中央托管机构托管的债券和股票信息。欧清对这些信息进行处理，对债券等资产进行分级管理，并建立统一的担保品资产池，作为第三方为客户提供服务，根据客户所做交易需求，选择最适合的担保品，并转移给需求者，以达到资产的最佳配置。

"担保品高速公路"是以欧清为中心建立的国际担保品管理体系，其基本构想为：第一，全球任何机构均可加入此模式，但前提是将担保品托管在欧清；第二，欧清与各国 CSD 签订协议并实现系统联网；第三，担保品出质方可以通过"高速公路"将其托管在欧清的担保品出质给与欧清联网的各国 CSD；第四，欧清可对担保品进行统一管理，也可由各国 CSD 进行担保品管理，但担保品始终托管在欧清。在该模式下，国际金融机构可利用在欧清托管的合格债券资产作为担保品，支持其在国际市场上的交易。其中，各国 CSD 作为金融业务担保品的管理方，履行担保品盯市、调整等职责，而欧清则作为担保品的保管方，按照各国 CSD 的指令对托管在欧清的担保品进行相应的账务处理，并将结果反馈给 CSD。

2.担保品库存管理服务

欧清与 DTCC 合资成立的担保品管理公司 DTCC-Euroclear Global-

Collateral Ltd. 在 2017 年上半年推出了担保品库存管理服务（Inventory Management Service，IMS），允许市场参与者将 DTCC 托管的权益类资产、公司债和 ABS 等较低等级的资产作为担保品在欧清平台使用，以抵减全球交易的风险敞口，解决高品质流动性资产短缺的问题。在该服务中，市场成员可通过开立一个新的 DTCC 子账户（即 IMS 子账户）的形式，连接至其 DTCC 主账户，并将其想要用作担保品的债券划入 IMS 子账户中。划转完毕后，这些证券将自动划入欧清银行在 DTCC 开立的账户中，即立即变为可用的担保品资产池，反映在该成员在欧清银行的账户中。在该创新平台上，各金融机构可以在两个合计 780 亿美元的全球最大金融市场基础设施平台上最优化地配置资产。

（二）明讯银行

1.全球流动性中枢（Global Liquidity Hub）

明讯在 2009 年推出全球流动性中枢，服务于担保品管理和证券融通等相关业务。该项业务全年 24 小时不间断运行，能够使客户不受资产类别、地域和时区的限制，灵活高效地管理其担保品。

全球流动性中枢的实质是最复杂、最可靠的担保品管理系统，能够支持无权利限制的证券替换和再使用，并支持多笔、多币种的债券、现金、股票、基金等担保品的实时分配。明讯客户能够实现与泛欧清算所、伦敦清算所等中央对手方之间的担保品自动转移，同时能够向德国央行、卢森堡央行、纽约联储等中央银行质押担保品。

为了使更多参与方能够使用全球流动性中枢，明讯还提供了一系列延伸服务模式。其中，Liquidity Hub GO（流动性中枢全球外包）是指明讯为其他基础设施提供低成本、见效快的外包、贴牌的担保品管理系统，目前明讯已与巴西 CETIP、澳大利亚 ASX、南非 Strate、加拿大 CDS 和西班牙 Iberclear 以这种方式进行合作。Liquidity Hub Connect 能够帮助国际托管行为其客户提供担保品管理服务。Liquidity Hub Select 能够通过提供担保品再质押功能等,为买方客户提供风险和流动性管理解决方案。Liquidity Hub Collect 则侧重于与交易所和交易平台的合作,帮助客户实现高效、安全、自动的交易和全面直通式处理。

2.流动性联盟(Liquidity Alliance)

流动性联盟是以明讯银行为核心所建立的全球担保品管理合作组织,旨在通过共同的技术平台和理念解决全球担保品短缺问题。目前,该组织成员包括明讯银行、澳洲交易所、巴西 Cetip、西班牙 Iberclear、南非 Strate 五家金融市场基础设施机构。该联盟基本构想包括以下方面:

一是联盟成员作用及加入条件。联盟成员希望通过使用相同的担保品管理技术平台,分享各自的专长、经验和做法,来创建解决全球担保品短缺问题的方案。该联盟作为开放性的组织,全球市场基础设施机构均可加入,条件是对于全球担保品问题持有共同的见解,同时要使用共同的技术设施平台。

二是联盟运作方式及目标。联盟成员间将会开展信息交换、达成共同需求和拓展全球担保品管理方案等合作,同时还会开展一些有影响的研究工作,促进联盟成为一个提供担保品管理业务信息、构想和观点的中立平台。目前,联盟成员已达成协议,每个季度都会就担保品业务方面的合作计划、重要动态、商业机会进行讨论,并分享各自市场的信息。同时还会出资支持相关研究。

三是明讯银行的作用。明讯银行为联盟提供核心技术支持。联盟其他成员借助明讯提供的外包式全球流动性中心产品来开发"白标"的担保品管理服务,使用明讯银行系统处理所有的担保品管理工作,包括担保品选取、置换、盯市、保证金追加通知等,但相关资产受联盟成员所在国的司法管辖。

四是联盟提供的商业机会。联盟成员间将分享有关市场及各自客户需求的信息,并使用这些信息来更新现有的担保品管理技术。信息分享不仅能够加快系统发展,还能通过无缝连接来降低全球担保品池的分割程度。另外,成员还会在向本国市场客户营销全球担保品管理理念方面开展一些合作。

(三)摩根大通

2013 年,JP 摩根推出了全球 Collateral Central 服务。它是一个实时有效的管理服务,能够为客户提供现金的资产追踪、保证金管理、资产最优化,用以支持担保品在衍生品、证券、现金交易中的活跃度。担保品管理从运营转向了交易与资产管理决策的前沿。

Collateral Central 囊括了一个创意性的全球 Longbox 产品。客户不仅可以了解到担保品资产的状况,还能够与专业人士实时探讨担保品状况。客户最终能够做出担保品决策,并通过 Collateral Central 进行交易。这是首次客户能够管理优化他们所有的担保品资产,不管交易对手方、托管机构、清算行,只要是在支持的地理位置,Longbox 都能够帮助客户实现。在该模式下其客户开立 Longbox 账户,该账户可囊括客户在不同托管行的资产作为可用的待选担保品。出质方的担保品将首先置于其 Longbox 账户,摩根大通担保品系统完成合格担保品校验、自动分配、保证金计算等流程后,再进行担保品质押。而在另一种模式下,客户可不将担保品放入其 Longbox 账户,直接在其债券账户下完成担保品的质押。

担保品管理期间,摩根大通还能够提供期间管理服务,包括:持续的合格性测试、逐日盯市、保证金管理、补仓、平仓、担保品再担保、自动对账等动态优化服务,保证资金融出方的风险敞口能被合格担保品足额覆盖,同时也为资金融入方有效地节约使用担保品。通过专业化的第三方操作,摩根大通的担保品资产运用的解决方案能帮助客户在风险控制、担保品流动性以及潜在收益之间实现最优:一是帮助客户设定可接受的风险参数,制订最优的担保品配置及再投资方案;二是统一的业务后台和操作系统支持,显著降低了交易双方的固定成本,实现规模经济;三是通过详细的业绩报告,为交易双方提供任何时点关于担保品的详细信息,降低信用风险。

四、模式总结

结合目前开展的跨境担保品业务的实例可以看到,目前跨境担保品业务主要包括以下两种模式:

(一)境内质押模式

在该模式下,债券质押部分在境内完成,由境内的登记托管机构提供担保品的管理、盯市等服务。目前境内的跨境担保品业务采用的即为该模式。

该模式在具体操作上也分为以下两种形式:

一是通过境内的出质方和质权方之间的债券质押为境外的金融业务进行担保的业务模式。如图 2 所示。

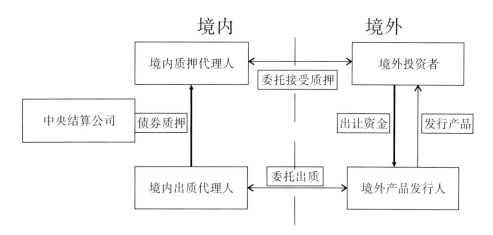

图 2 跨境担保品业务债券质押阶段示意图

在该模式下,境外机构通过发行债券、资产支持证券等产品来向境外投资者募集资金。同时,为了提高产品的信用程度,增加相关的履约保障,境外产品发行人通过其境内关联方(包括境内商业银行总行或外资银行的境内分支机构),或委托的出质代理人提供债券质押给境外投资者委托的质押代理人的形式来给境外的产品进行担保。

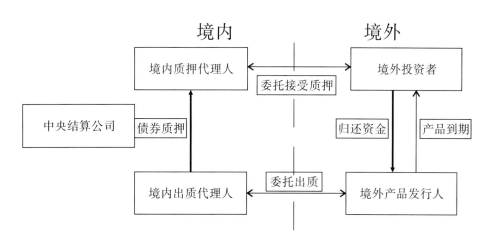

图 3 跨境担保品业务债券解押阶段示意图

境外产品到期后,由境外产品发行人向境外投资者归还资金宣告产品终结,并通过境内质押代理人向中央结算公司提交申请的形式解押相关质押债券。

二是通过境外金融机构的境内债券质押来充抵交易所的交易保证金业务模式。

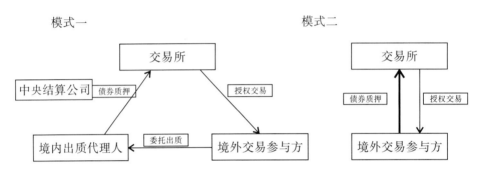

图4 交易所模式跨境担保品业务模式示意图

在交易所模式跨境担保品业务中,境外交易参与方可提供自身持有的债券给交易所作质押或委托其境内的出质代理人替其提供债券进行质押两种形式来充抵交易保证金以获得交易资格。与第一种模式相同,其境内出质代理人既可以是其关联方,也可以是其委托的代理方。通过该模式,境外交易参与方可在不涉及保证金的收付的情况下参与交易所的有关交易。

（二）跨托管机构质押模式

在跨托管机构质押模式中,境内和境外的登记托管机构通过跨境互联实现担保品的质押,并分别向境内外的参与机构反馈质押结果,并提供担保品的期间管理服务。该模式为目前国际上跨境担保品业务的主要模式。以中央结算公司和欧清的高速公路为例:

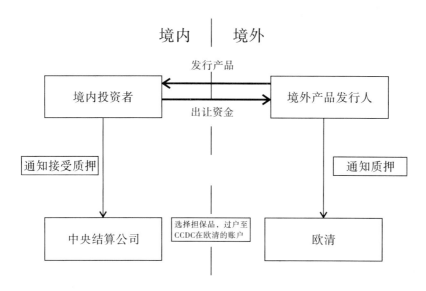

图5　跨境质押模式担保品业务示意图

在该模式下,中央结算公司在欧清开立有账户,可替境内的投资者接受债券质押。当境内投资者和境外产品发行人自行达成交易后,交易双方分别通知欧清和中央结算公司执行担保品的相关操作。境外产品发行人通知欧清进行出质。欧清在接到相关的质押指令后,选择产品发行人账户内的合格质押品,并过户至中央结算公司开立在欧清的账户。中央结算公司接收到相关担保品后,向境内投资者反馈质押信息,并完成该笔操作。

该模式的开展需要托管机构实现互联互通,同时托管机构也需要在彼此之间开立相应的账户用于出质与接收质押。目前,境内的托管机构正在积极与境外的托管机构进行沟通联系,有望在近阶段实现。

五、发展展望

(一)完善法律制度建设,加快让与担保模式及转质押研究

在目前已完成的跨境担保品的案例中,境外投资者尤为关注的就是

违约情况下的担保品处置问题。由于国内尚未出台专门针对跨境担保品业务的法律法规，因此在操作相关业务时，债券质押操作参考的主要仍是《担保法》和《物权法》。跨境担保品业务由于其自身特有性质，涉及多个国家地区，并存在着境内质押与境外金融业务相分离的特点，现有的法律无法覆盖跨境担保品业务的诸多环节。同时，市场金融机构、基础设施机构与监管部门在参与跨境担保品业务时也无法律可以参考，这给各机构在对外签署合同协议、确定业务细节中带来了较大的困难。故国内相关立法机构应加快涉及跨境担保品业务的法律研究，尽快出台业务细则，给跨境担保品相关操作提供依据。同时，加快确定违约情况下快速处置的有关办法，为境外投资者提供高效、安全的履约保障，也将对跨境业务的发展起到推动作用。

另一方面，我们在研究境外担保品业务中发现，境外的担保品大多采取的是让与担保的模式，与国内现阶段主要采用的户内质押的模式不同。此外，境外的主质权方在获得担保品期间，可以将担保品出售或者再次质押，以提供担保品的使用率和流动性，这在境内是明确禁止的。而跨境担保品业务中的外资银行由于较熟悉境外的担保模式，故在签署有关协议及执行相关操作中对于境内的担保品操作存在较多疑虑。考虑到让与担保在对担保品的处理过程中较为高效、便捷，涉及法律上的权属关系也较为明晰，故应加快对让与担保模式与转质押的研究以及推进工作。

（二）扩大银行间市场开放程度，增加参与外资银行范围

债券质押作为跨境担保品业务中较为重要的环节，需要出质方和质权方均为银行间市场客户。而在具体业务操作中，部分境外投资方与境外产品发行人在寻找合格的境内银行间市场参与者作为代理人过程中倾向于寻

找其关联方和在境外金融业务中较为熟悉的合作方,但若其关联方或合作方未在我国国内银行间债券市场开户,则将给其业务的开展带来一定的困难。同时,"债券通"的开放虽然引入了部分海外投资者,但由于其在托管方面的不透明性,给相关的债券在用作担保品方面带来了一定难度。因此,应在有效控制相关业务风险的情况下,稳步推进银行间债券市场的对外开放程度,增加参与成员中外资银行的数量,扩大境外机构选取境内合作代理人的范围。同时,加快研究境外债券、资产支持证券等产品开户的可能性,以缩减跨境担保品业务中委托代理的环节,规避潜在的操作风险,有效控制整个业务的信用风险,并进一步提升跨境业务的办理效率。

(三)进一步提升人民币国际影响力,推动境外人民币计价产品发行

在目前操作的跨境担保品业务中,境外发行的产品通常以美元或当国货币计价,而境内的债券则以人民币计价。由此带来的本外币的汇率波动对如何设置合理的担保品质押率制造了一定困难,也对担保品的担保有效程度造成了一定影响。在现行的业务操作中,为了规避汇率波动带来的影响,需要设置较高的质押率,这对债券的流动性形成了极大程度的缩减,造成了一定的浪费。而若通过盯市调整的形式对担保品进行增补或退还,虽然可以避免债券的浪费,但由于汇率波动的频繁性,会造成担保品质押系统的频繁操作,增加操作风险。同时,由于汇率波动的不确定性,以及境内外时差等因素,该方式也存在着一定的信用风险。出于该情况,我们应进一步加快人民币国际化的步伐,提升人民币在国际金融市场上的影响力,以扩大境外金融机构对于人民币的接受程度,推动境外以人民币计价的产品的发行。在产品以人民币计价的情况下,担保端和产品端均为同一币种,因此在设置合理的质押率后可有效规避汇率波动带

来的风险,提升产品的整体安全程度。

（四）推进跨境担保品互认,实现跨境托管机构互联

目前国际领先的担保品管理机构,如欧清、明讯等,均有较为成熟的跨境担保品互联系统,通过该系统可以有效实现担保品在境内外的使用,以便利金融机构跨境业务的开展。境内托管机构应在未来加快推进跨境担保品互认工作,在系统、人员、机制方面与境外担保品管理机构密切合作,加快实现在境外托管机构的开户工作,以实现跨境担保品的互认。另一方面,在提升人民币国际化的基础上,建立健全境内的托管管理机制,并协助境外机构在境内开立相关账户,搭建以我国银行间债券市场为主导的跨境担保品业务平台,进一步促进国内债券市场的对外开放。

国内外资本市场互联开放经验对债券市场的启示

蒲余路　勾宇茜　郑震遥

摘　要: 推动债券市场跨境互联,需面对本国基础设施国际化发展程度有限、交易环节与境外差异显著、资金汇划和汇兑存在限制等问题。本文从账户体系、交易方式、托管结算方式、资金汇划安排等四个方面,具体分析了国内沪(深)港通、黄金国际板等资本市场开放的特点,以及芬兰、澳大利亚市场这两个采用一级托管体系的国家的开放经验,得到以下启示:1.依托法律制度,限制名义持有账户适用范围,明确强制性披露要求,有助于建立透明持有制度;2.开展后台机构与商业银行合作,探索央行间合作,有助于提高跨境资金结算效率;3.CSD 跨境互联协同交易前台互联开放,有助于提升跨境互联方案的整体性、可行性。

关键词: 跨境互联　透明持有　跨境资金结算　前台国际化

资本市场互联的目的,一方面在于降低境外客户熟悉当地市场的难度,改善分散参与市场的低效,通过基础设施和中介机构实现批量引入,另一方面在于接入境外市场,为境内客户提供参与境外发行、投资的可行性和便利性。

近年来债券市场开放逐渐提速。目前境外投资者投资银行间债券市场已不受额度限制，"债券通"已推出运行近两个月，此外，中央结算公司和明讯银行签署合作备忘录，正积极推动与国际中央证券存管机构（ICSD）的互联模式。但与此同时，考虑到我国资本市场开放度尚且有限，不同于已完全开放、金融市场国际化的国家，跨境互联过程中既需要打通交易环节，又需要实现交易后环节互联合作。此外，鉴于人民币仍处于国际化进程中，结算环节还需考虑跨境资金的汇兑和划拨。

针对债券市场开放的趋势和面临的挑战，本文旨在透过梳理国内外资本市场互联开放的成功案例，以期为之提供有益经验，打开思路并探索合适路径。

一、国内资本市场开放阶段与进展

（一）开放所处阶段

金融产品的买卖，主要会涉及交易、托管结算、资金处理等环节。相应地，资本市场在开放中也将涉及交易前台、托管结算后台、资金等部分，而本国上述部分所处的阶段，将直接影响到互联开放中应当涵盖考虑的环节范围。以我国债券市场为例，当前的开放现状主要体现为：（1）交易前台较为封闭，场外市场交易平台和方式与境外存在明显差异；（2）后台机构处于开放进程但国际化有限，主要处理境内客户、境内债券的托管结算，境外投资者参与比例不高；（3）货币不可自由兑换，人民币跨境资金流动管制仍较为严格。因此，需要根据开放阶段较初期、开放程度尚不足的现状，探索适合的互联开放策略。

表1 资本市场开放涉及环节与不同阶段

环节	不同阶段
交易前台	阶段一:交易前台较为封闭,且与境外存在差异; 阶段二:交易前台已较开放,或已与境外前台达成互联,或已允许直接通过国际交易平台达成交易
托管结算后台	阶段一:后台机构国际化有限,主要处理当地客户、当地债券的托管结算; 阶段二:后台机构较为开放,已与境外后台达成互联,或已允许各类中介以多种方式接入
资金	阶段一:货币不可自由兑换,跨境资金流动管制较为严格; 阶段二:货币可自由兑换,换汇及资金跨境划拨容易实现

(二)开放进展

尽管在总体开放阶段方面,国内资本市场尚处于起步阶段,但各个环节正处于对外开放不断扩大的进程中,且已取得了不同程度的进展:首先,在前台方面,股票市场已实现"沪港通""深港通",债券市场交易中心和港交所合资成立债券通有限公司,并正探索逐步引入其他主管部门允许的电子交易平台,黄金市场正打造黄金国际板;其次,在后台方面,股票市场"沪港通""深港通"是基于中国结算和中国香港结算的后台互联,债券市场"债券通"同样是基于内地和香港双方金融市场基础设施的联通;再次,在资金方面,推进人民币国际化进程有序展开,人民币清算行正拓展至各大重要市场,同时央行正积极推进人民币跨境支付系统(CIPS)。

二、国内和国际经验

基于国内资本市场各环节所处阶段,国内和国际上存在相应案例和经验值得借鉴。不同于开放市场,国内市场在互联过程中需要并行考虑和推进交易前台的国际化、托管结算后台的国际化、资金汇划的处理，以场外债券市场为例，还需要考虑"一级托管+结算代理"的国内实际和国际上"多级托管"模式之间的冲突。相关案例从各个角度提供了对于上述问题的诸多有益经验。

（一）国内资本市场开放：股票和黄金

1.沪（深）港通

2014年4月10日，中国证券监督管理委员会、香港证券及期货事务监察委员会发布《联合公告》，批准上交所和港交所开展沪港股票市场交易互通互联机制试点；2016年8月16日，两地证监会再次发布《联合公告》，批准深交所、联交所、中国结算、中国香港结算建立深港股票市场交易互联互通机制。自此，内地与香港之间的股票市场交易互联互通机制包括"沪股通""沪港通下的港股通""深股通"及"深港通下的港股通"四部分（以下主要以"沪港通"为例）。

沪（深）港通实现的股票市场互联互通，前台是上交所、深交所和联交所的互联，后台是中国结算和中国香港结算的互联，资金采用后台机构互设离岸子公司，并借由相关换汇和清算银行实现双向人民币交收。

（1）交易委托路径

沪股通仅供二级市场交易，投资者可透过联交所参与者下订单，联交所参与者再将该订单发至联交所子公司，并将该等订单传真到上交所的交易平台以在上交所执行交易。交易执行后，联交所子公司将从上交所收到交易确认，再转发予联交所参与者。港股通参照沪股通安排。

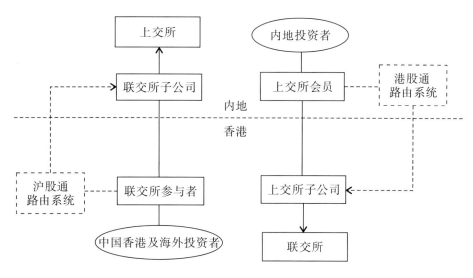

图1 "沪港通"交易委托安排

（2）证券和资金结算方案

证券和资金结算实行分级结算原则。中证登上分负责办理与境内结算参与人之间证券和资金的清算交收，境内证券公司负责办理与港股通投资者之间证券和资金的清算交收。境内证券公司与港股通投资者之间的证券划付，应当委托中证登上分办理。

按内地市场的规则，在 T 日进行股票交收；在 T+1 日进行款项交收。如果中国香港结算为净卖出，中国香港结算将从中国结算及净买入的参与者收取人民币，以支付人民币予净卖出的参与者；如果中国香港结算为净买入，中国香港结算从净买入的参与者收取人民币，以支付人民币予中国结算及净卖出的参与者。投资者需自行预备人民币资金以便进行交收。

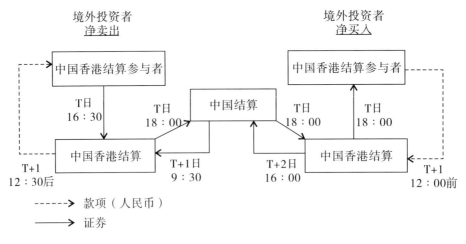

图 2　"沪港通"证券和资金结算安排

（3）换汇处理和托管安排

"港股通"的换汇安排,由于投资者通过"港股通"买卖"港股通"股票,均以港币报价成交,而投资者实际支付或收取人民币,因此,需要将成交货币(即港币)按一定汇率换算为人民币。开展港股通换汇处理业务的结算银行须经中国结算批准获得港股通跨境资金结算业务资格(以下简称"换汇银行"①)后,方能开展相关业务。其中,资金划拨业务通过港股通结算银行内地及香港分支机构办理。

"沪股通"的换汇安排,即沪股通交易时,香港结算参与人(香港投资者指定交易的证券公司)统一汇集投资者的沪股净买入交收资金(港币),根据结算汇兑比率对香港投资者进行清算,并将人民币通过"持续净额交收系统"汇入香港结算在中银香港开立的人民币账户中。

托管安排中,中国香港结算通过代理人架构,在中国结算开立混同账户(Omnibus Account),为其结算参与者持有沪股,即"香港综合结算账

---

① 工、农、中、建、交五家中资银行的上海分行、深圳分行和香港分支机构。

户"。沪股存放于结算参与者的中央结算系统账户,即以"结算参与者"名义开立的二级账户。投资者账户持有人必须通过经券商或托管行存放沪股,中国香港结算为参与者持有的沪股提供代理人服务。境外投资者的沪股持股会反映于其券商或托管行的客户记录。

2.黄金国际板

2014 年 9 月,经中国人民银行批复同意,上海黄金交易所开通了国际板业务(SGE International)。"黄金国际板"实现的大宗商品市场互联互通,前台是境外交易系统(如芝加哥交易所)通过上海国际黄金交易中心有限公司(2014 年 6 月 16 日注册成立,以下简称国际中心)与上海黄金交易所系统互联,资金通过 FT 账户允许在岸、离岸人民币和可兑换外币参与上海黄金交易所交易。

(1)国际会员的交易

国际会员在交易所进行自营交易(A 类或 B 类会员)或代理国际客户(A 类会员)参与交易,除经国际中心书面审批同意外,其交易系统须通过国际中心接入交易所系统。

国际会员通过交易系统下达交易指令,指令将通过国际中心审核或验证后进入交易所。国际中心按照时间优先的原则及时、准确地处理国际会员的有效指令,并及时将委托回报和成交结果反馈给国际会员。

(2)国际会员的清算结算

国际中心实行"净额、封闭、分级"的资金清算原则。"净额"是指国际会员就其在交易所买卖的成交差额与国际中心进行净额清算;"封闭"是指国际客户与国际会员的资金分账户设立和存管,国际客户资金全部存管在国际中心结算专用账户,全封闭运行;"分级"是指国际中心负责对国际会员实行清算,国际会员负责对其代理的客户实行清算。

国际会员开展自营业务应将自营资金通过自营专用账户转入国际中心结算专用账户;国际客户资金经国际会员代理专用账户过渡后,存入国际中心的结算专用账户;国际会员最低清算准备金等款项和费用的缴纳以及佣金、利息等收入的收取通过国际会员自有专用账户实现。

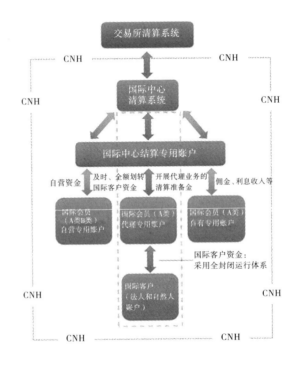

图3　黄金国际板清算流程

国际中心实行 T+0 资金清算,T+1 资金结算,即 T+0 日,国际中心在交割或清算时,扣减买方会员的清算准备金①,增加卖方会员的清算准备金,完成资金清算;T+1 日,国际中心根据国际会员的申请,将资金划入其

---

①　清算准备金是指国际会员为了交易结算在国际中心结算专用账户中预先准备的货币资金和充抵额度,是未被合约占用的货币资金与充抵额度。

在结算银行的自营、代理专用账户或国际会员自由账户。

（3）资金安排——FT 账户

所有国际会员和国际客户都必须开立自由贸易账户（FT 账户）①。目前国际中心共有 8 家结算行，分别是中国银行、工商银行、建设银行、农业银行、交通银行、浦发银行、招商银行和中银香港。国际会员和国际客户可在这 8 家结算行中任选一家开立 FT 账户。

国际中心在每家结算行开设结算专用账户，用于国际会员进行资金存放及相关款项的结算。国际中心对国际会员存入国际中心结算专用账户的资金实现分账户管理，为每一国际会员设立明细台账，按日序时登记核算每一国际会员资金转入和转出、盈亏、交易保证金及手续费等。

（二）国外资本市场开放：芬兰和澳大利亚

1.芬兰

芬兰证券市场与我国相近的方面在于，都属于透明证券持有体制（transparent system）②。在跨境互联层面，芬兰计划加入 T2S 提升与欧洲其他成员之间的互联效率。

---

① 自由贸易账户体系是中国人民银行在上海自由贸易试验区内设立的离岸人民币及外币的账户管理体系。

② 《中介机构持有证券实体法公约》（*Convention on Substantive Rules Regarding Intermediated Securities*），国际统一私法协会（UNIDROIT）。

表2　芬兰市场基础设施概览

环节	具体情况
交易前台	Nasdaq Helsinki Ltd(证券交易所),INET Nordic(北欧和波罗的海股票交易系统)
中央托管机构	Euroclear Finland Ltd (EFI)——Infinity 系统(债务工具和货币市场工具的结算系统),OM (HEXClear)系统(权益工具、部分企业债券和债务工具的结算系统)
CCP	EuroCCP,LCH Clearnet
资金	结算货币:EUR,见款付券(against payment settlement)的资金结算在芬兰中央银行(Bank of Finland)账户中完成
结算周期	T+2(证券交易所 Nasdaq Helsinki Ltd 中的交易;Infinity 系统中货币市场工具的交易),OTC 市场支持多种结算周期

来源:基于对明讯银行服务覆盖市场中芬兰部分介绍的手工整理。

(1)透明持有体制与强制性披露要求

芬兰市场的一大特点是证券透明持有体制(transparency in holdings),其中央托管机构 EFI 中有超过 140 万个[1]电子簿记记录(digital book-entry)。

EFI 同时支持直接持有人账户(owner account)和名义持有人账户(custodial nominee account),但芬兰本国投资者不允许使用名义持有人账户,除非该账户属于非芬兰本国的清算机构、其他 CSD 或者 ICSD。

境外投资者如选择通过名义持有人进入芬兰市场,则持有证券会被记录在账户操作人(属于 EFI 成员)的名义账户下。以明讯银行为例,CBL(明讯卢森堡)已被芬兰中央托管机构(EFI)授予相关权利,作为 EFI 在 Infinity 和 OM 系统中的账户操作人(account operator)和结算方

---

[1]　源自 EFI 官方网站数据。

(clearing party) ,并通过名义持有人账户以代理客户的方式持有金融工具。CBL 又指派了北欧银行芬兰分行(Nordea Bank AB Finnish branch) 作为当地操作人(agent of account operator) 实现与芬兰市场的直接连接(direct link) 。

根据芬兰的法规要求,CBL 必须遵守簿记系统法案(*Act on the Book - Entry Sytem* ,第八章第一节) ,证券市场法(*Securities Markets Act* ,第八章) 和芬兰税法(*Finnish Tax Act*)中规定的强制性披露要求(披露类别:1,强制) ,并根据要求披露实益拥有人的名称(如已知) ,以及持有的证券数量。如果实益拥有人的名称未知,CBL 被要求披露有关代表实益拥有人的代理人(representative acting on behalf of the owner) 的相应信息,并提交书面声明,说明实益拥有人不是芬兰法人或自然人。

芬兰税法则要求 EFI 的 OM 系统中的账户操作人每年报告一次证券的实益拥有人的详细情况及其持有情况,或者如果最终实益拥有人的身份未明确或者未知,代表这样的实益拥有人的客户的身份和位置。

芬兰金融监督管理局(FIN-FSA) 可以就有关实益拥有人的信息,或代表该实益拥有人行事的代理人的信息,以及用于识别身份必要的联系信息等,提出进一步的披露要求。如果名义持有人(nominee registration custodian) 没有按照规定和要求披露的,其身份可以被取消。

(2) T2S 跨境互联

目前芬兰通过 Euroclear 与其他 CSD、ICSD 的连接实现跨境结算,未来芬兰将加入 T2S 实现更大范围的互联。

TARGET2-Securities(T2S) 是一个欧洲证券的结算平台,使用多种中央银行货币为所有欧洲证券市场提供 DVP 结算服务。T2S 通过提供单一市场基础设施解决方案，消除国内和跨境结算之间的障碍的差异。目前已有 30 家① CSD 签署 T2S 框架协议。

T2S 具有三大重要特点：

一是提供单一的 IT 平台，采用"综合模式"（integrated model）。不同于证券账户开立在 CSD，现金账户开立在中央银行，结算时需要在两者之间传递信息以确认证券和现金转移的传统"接口模式"（interfaced model），T2S 使用的"综合模式"，不仅可以实时把 CSD 的证券账户与本国央行的资金账户直接关联，而且可以实时将任何一家 CSD 的资金账户与任何一家央行的资金账户建立关联，在 T2S 这一个平台上就可以完成结算指令匹配并实现实时 DVP 结算。这可以有效降低不同系统间传输的交易延迟或差错风险，提高自动质押融资有效性，实现整个欧元区乃至全欧的结算便利性。

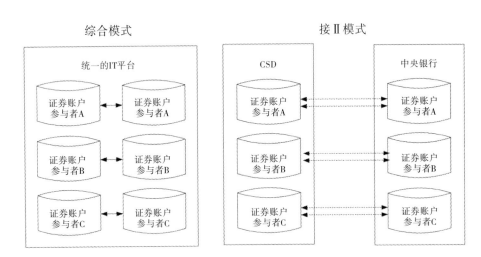

图 4　T2S 的"综合模式"与传统的"接口模式"

---

① 源自 T2S 官方网站数据。

二是基于欧元系统 TARGET2，为 CSD 提供结算服务。T2S 与欧元系统的 TARGET2 单一账户共享平台统筹开发和运营，T2S 现金专户（只能用于证券交易结算及公司行为）实现了与市场参与者在 TARGET2 中的现金主账户以及其他非欧元中央银行的 RTGS 账户的连接，从而实现跨境结算与国内结算的等同化，大大降低了跨境结算成本。当然，参与 T2S 的 CSD 只是将结算流程交由 T2S 完成，但其他所有功能以及与客户的关系仍然保留。

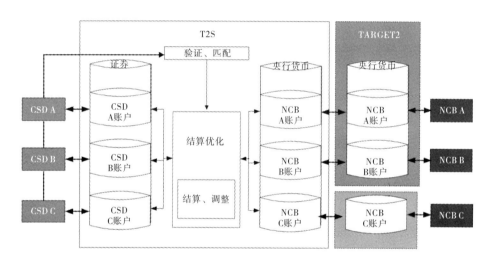

图 5　基于 TARGET2 的 T2S 平台

三是使用多币种结算。根据欧盟理事会的经济金融委员会（ECOFIN）的要求，T2S 不局限于欧元地区，也不局限于欧元结算，此后多家非欧元区 CSD 与欧元系统签署谅解备忘录，相关中央银行也已明确表示愿意将他们的货币加入 T2S。T2S 正致力于实现在本区域内广泛使用的货币结算欧洲所有证券，即 T2S 中的证券，不再受限于单一 CSD 对应中央银行的结算货币，而能够使用 T2S 中的任意货币来结算。

T2S 不仅有助于降低在欧洲 10 倍于国内结算的跨境结算费用，更有助于通过消除与技术要求和市场惯例、税收、法律有关的"Giovannini 障碍",成为实现跨境互联的最佳范例。

2.澳大利亚

与芬兰类似,澳大利亚证券市场也具有严格的强制披露要求,便于形成穿透式监管。在人民币业务方面,Austraclear 通过与中国银行发展合作,实现了对人民币证券的托管结算。

表 3　澳大利亚市场基础设施概览

环节	具体情况
交易前台	Australian Securities Exchange(证券交易所,ASX Trade 电子交易平台),Chi-X Australia(证券交易平台)
中央托管机构	Austraclear(处理联邦和州政府债券、半政府债券、公司债券、抵押债券、可转让汇票、定期存单、商业票据等的结算),ASX Settlement Corporation——CHESS 系统(处理 ASX Trade 的结算)
CCP	European Multilateral Clearing Facility (EMCF), EuroCCP N. V., LCH. Clearnet, SIX x-Clear
资金	结算货币:AUD(部分 CHESS 上处理的证券允许多种货币),资金结算在澳大利亚央行 Reserve Bank of Australia 的 RITS 系统中完成
结算周期	T+2(ASX 上市证券,Austraclear 合格证券),可协商确定(未上市证券)

来源:基于对明讯银行服务覆盖市场中澳大利亚部分介绍的手工整理。

(1)持有账户设计与强制披露要求

如果境外投资者参与澳大利亚证券市场,其持有证券的注册分为三种情形:①在 ASX 上市的证券(ASX-listed securities),则持仓一般记录在已在 CHESS 开户的澳大利亚当地次托管行的名义持有人账户(Australian sub-custodian's nominee)中;②Austraclear 合格证券(Austraclear-eligible securities),则持仓统一记录在 Austraclear Limited 名下账户中;③未上市证券(unlisted equities),则持仓需要被投资公司登记册的重新登记(re-registration)。

以明讯银行为例,明讯通过摩根大通澳大利亚有限公司(JPMC AU)实现与澳大利亚市场的间接连接(indirect link)。所有 CBL 持有的、通过 CHESS 系统托管的证券,被登记在名义持有人 JPMC AU 名下;所有 CBL 持有的、在 Austraclear 托管的证券,都被登记在 Austraclear Limited 名下;未注册证券则通过 JPMC AU 持有。

根据澳大利亚当地的法律和监管要求,CBL 或者 CBL 的托管银行需要根据 2001 年的公司法(*Corporations Act* 2001,章节 6C.1 和 6C.2),披露 CBL 证券账户内具体客户的身份和持仓信息,以便于澳大利亚公开上市的公司,或者 ASIC 等证券监管机构能够追踪证券的交易和持有详情(披露类别:1,强制)。

(2)Austraclear 与中国银行的合作

从 2016 年 9 月起,Austraclear 开始为人民币计价证券提供从发行、结算到托管的全流程服务。与大多数离岸人民币中心不同的是,在悉尼结算是在当地的 CSD——Austraclear 进行。

Austraclear 是一个与全球支付系统实现 STP 连接的实时结算平台,其人民币结算采用的是与澳元(AUD)相同的智能协议(smart protocols),可以实现系统的支付优先性和拥有净义务的能力,从而使得对人民币交易进行实时、不可更改的结算成为可能。具体落实方面,中国银行悉尼分行通过 CHATS RTGS、CNAPS 和 CIPS 系统提供 Austraclear 与中国香港、中国内地和世界各地的直通式处理服务。此外,通过 Austraclear 进行人民币资金结算的客户,能够在当天而不是隔夜,对账上的盘中价值进行指令、結算和接收：澳大利亚境内仅需 10 秒到账,与中国香港之間 2 分鐘到账,与中国内地之間到账時間為 32 分鐘。

該平台還通過提供以下方式满足参加行的入境和出境人民币流動：(1)將日内流動性轉入参加行账户,以實現實時流動性管理;(2)参加行的客户可以實現交易的實時結算,從而實現即時人民币風險和現金流量管理。

参与這項人民币結算服務的方式為：(1)對於 Austraclear 的現有客户,a.在中国銀行開立人民币账户;b.申請由其 Austraclear 参加行在中国銀行開立人民币账户。(2)對於其他客户,a.成為 Austraclear 成員,並在中国銀行開立人民币账户;b.成為 Austraclear 成員,並申請由其 Austraclear 参加行在中国銀行開立人民币账户;c.成為已在中国銀行開立人民币账户的 Austraclear 参加行的客户。

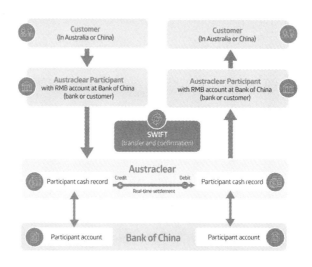

图6　Austraclear 中實現的人民币結算

Austraclear 已能够實現人民币證券的發行和結算。即外国和国内發行人,通過 Austraclear 能够直接向澳大利亚發行人民币債券,同時外国和国内投资者,可以在 Austraclear 持有在澳大利亚直接发行的人民币债券,Austraclear 也可以便利地处理包括人民币利息支付在内的各项公司行为。这些服务的提供方式与 Austraclear 为澳元债券提供的相一致。

三、对债券市场互联开放的启示

诚如 Giovannini 小组(2001)在第一篇跨境结算报告中所述,CSD 互联(CSD-CSD links)具有减少结算环节所需参与机构数量,并能够为投资者提供更便捷、更低成本担保品服务的优势,同时可以较快地实现区域内的联网,使投资者在基本不改变结算习惯的情况下完成跨境交易。但也应当看到,一方面单纯的 CSD 互联只能实现证券结算的便利化,而资金结算需要通过没有互联的支付系统来完成,另一方面相比于代理人和 ICSD 所能提供的服务,CSD 互联中银行和现金管理服务的价格更高,并且常常不能保证提供全面的保管服务(full range of custody services)。

因此从整体上看,形成一个完整的、具备比较优势和竞争力的债券市场跨境互联方案,既需要聚焦后台托管结算机构互联,又需要通过将相关资金换汇和清算行、代理行纳入考量,兼顾资金结算环节并提供更完善的服务。此外,考虑到国内债券场外交易与境外存在显著差异,交易平台统一而独特,熟悉国内交易平台的境外投资者有限,因而统筹国内与互联目标市场交易习惯,共同探索设计从交易到结算全流程的、稳步有序推进境内平台国际化的全景图,更有助于形成可行性高、充分考虑境内外投资者习惯和业务实际的方案。

本文通过国内股票市场的沪(深)港通,国内黄金市场的黄金国际板,芬兰将通过 T2S 实现的跨境互联,澳大利亚与中国银行合作开展的人民

币结算业务等四个资本市场互联开放案例,对于国内债券市场的开放得到以下启示:

一是通过健全法律法规体系,在制度层面推动直接持有为主导,辅之以对间接持有的强制性披露要求,可以有效落实后台机构的透明持有体制。芬兰对于本国投资者,规定除特殊情况外禁止使用名义持有人账户,有效引导并建立了以一级托管为主导的体制,使中央托管机构 EFI 簿记系统中数量庞大的一级账户成为其一大特色。同时,芬兰、澳大利亚出台的证券市场法、公司法、税法、簿记系统法案等法律法规,对代境外投资者持有证券的名义持有人,提出了第一档强制类别的披露要求,使其必须遵守且有义务披露实益拥有人的身份、持仓情况等信息,从而对于多级托管部分,从法律制度层面保障了穿透式监管的实现。

二是通过后台机构开立境外现金账户,或是依托已进入目标市场的中资银行,抑或是推动区域性、联盟性的中央银行合作,可以便利跨境互联的资金环节。沪(深)港通以及澳大利亚在人民币证券结算领域的进展表明,中国银行等具备国际业务能力的中资银行可在互联开放中扮演较为重要的角色,其一是后台机构可通过互设当地子公司,并在中资银行境内、境外公司开立账户,实现人民币资金的跨进汇划和结算;其二是可依托中资银行在境外市场的成员身份,探索市场互联方式。而芬兰通过加入 T2S 达成更高水准的跨境互联,也提供了另外一种思路。诚然,复制欧元区 TARGET2 体系存在体制、成本等困难,但探索央行之间合作,将多国证券结算和资金结算纳入统一平台,不失为推进证券领域跨境互联的高层次、高效率途径。

三是联动交易平台的互联、国际交易平台的搭建,使后台托管结算的互联与之形成完整的业务图景,可以协调推进前后台的国际化开放,形成更具整体性的对外互联方案。沪(深)港通将内地和香港交易所和结算机构的互联同步实现,通过订单路由技术和交易委托方式实现跨境交易,通过分级结算和代理持有实现跨境结算托管,从而形成完善的跨境交易结算安排。黄金国际板则通过成立首个国际化金融类资产交易平台,连接国际成员和境内交易系统,又通过结算资金在自贸区内的闭合管理,打造依托上海自贸试验区的大宗商品互联平台。两类交易平台的开放途径,都为债券市场提供了范本和思路,联合境外交易所及电子平台开展合作互联、发挥如中欧交易所等出资成立的国际平台作用等,均是债券市场深化开放过程中必不可少的关键点。

参考文献:

[1] The Giovannini Group. Cross-Border Clearing and Settlement Arrangements in the European Union. Brussels, 2001, November.

[2] The Giovannini Group. Second Report on EU Clearing and Settlement Arrangements. Brussels, 2003, April.

[3] 欧阳卫民,谢群松,张卫华. T2S:结算无边界[J]. 金融会计,2010(8).

银行间债券市场税收政策梳理及政策建议

骆　晶　李紫菡　李　博

摘　要：随着我国债券市场逐渐深化对外开放，便利、集约的税收服务是境外投资者顺利进入国内市场的重要一环，也必将成为提升国内市场吸引力的重要因素。从国际同业经验来看，中央托管机构提供利息所得税的代扣代缴服务（即预提税服务）非常普遍。我们认为，公司作为债券市场核心基础设施，可为境外投资者提供利息所得税的代扣代缴服务。

本文对银行间债券市场税收政策进行了梳理，并提出政策建议。

关键词：债券市场　税收政策　梳理　建议

一、银行间债券市场的税收政策梳理

（一）银行间债券市场税种介绍

1.企业所得税

企业所得税是向所有实行独立经济核算的企业或其他组织的所得征

收的税种。根据《企业所得税法》第六条和第十九条规定,企业以货币形式和非货币形式从各种来源取得的收入,为收入总额,包括转让财产收入和利息收入。非居民企业在中国境内未设立机构、场所的,或者虽设立机构、场所但取得的所得与其所设机构、场所没有实际联系的,应当就其来源于中国境内的股息、红利等权益性投资收益和利息、租金、特许权使用费所得,以收入全额为应纳税所得额;转让财产所得,以收入全额减除财产净值后的余额为应纳税所得额。

(1)征税情形及对象

根据企业所得税法的规定,企业在我国境内投资债券获得的利息所得和转让债券所得应缴纳企业所得税。利息所得为利息收入全额,转让所得为卖出价减除买入价和相关税费的余额。

(2)税率

企业所得税实行比例税率。其中基本税率为25%,适用于居民企业和在我国境内设立机构场所且所得与机构场所有关联的非居民企业。低税率为20%,适用于在我国境内未设立机构场所,或设立机构场所但取得的所得与其机构场所没有实际联系的非居民企业。

(3)应纳税额的计算

应纳企业所得税额=当期应纳税所得额×适用税率-减免税额-抵免税额

(4)免征与减征优惠

根据企业所得税法的规定,企业投资国债、地方政府债获得的利息收入免征企业所得税;

投资铁路建设债券获得的利息收入减半征收企业所得税;

另外，现行税法对非居民企业提供税收优惠。目前非居民企业减按10%的税率征收企业所得税。此外，如果非居民企业所属国家与我国签订了税收协定，则符合条件的非居民可申请享受税收协定待遇，则按照税收协定的税率征收企业所得税。

（5）企业所得税制度依据

目前我国涉及企业所得税的税法制度主要包括：《中华人民共和国企业所得税法》《中华人民共和国企业所得税法实施条例》《财政部、国家税务总局关于地方政府债券利息免征所得税问题的通知》《财政部、国家税务总局关于铁路建设债券利息收入企业所得税政策的通知》等。

2.增值税

（1）征税情形及对象

按照规定，金融行业纳税人从事的增值税应税服务有：贷款服务、直接收费金融服务、保险服务、金融商品转让。与债券投资者有关的应税行为主要包括贷款服务和金融商品转让。

①贷款服务

"贷款，是指将资金贷与他人使用而取得利息收入的业务活动。"各种占用、拆借资金取得的收入，以全部利息收入作为销售额，且不得抵扣销项税。具体包括：债券持有期间（含到期）利息收入、债券借贷收取的利息收入。

另外，对于投资者自结息日90天后发生的应收未收利息暂不缴纳增值税，待实际收到时再按规定缴纳。

②金融商品转让

"金融商品转让，是指转让外汇、有价证券、非货物期货和其他金融商品所有权的业务活动。"具体包括:现券买卖、远期交易、非交易过户。

(2)税率

增值税纳税人分为一般纳税人和小规模纳税人:年应税销售额超过500万的纳税人为一般纳税人,未超过500万的为小规模纳税人。年应税销售额超过500万但不经常发生应税行为的纳税人可选择按照小规模纳税人纳税。年应税销售额未超过500万的纳税人,会计核算健全,能够提供准确税务资料的,可以向主管税务机关办理一般纳税人资格登记,成为一般纳税人。

金融业一般纳税人适用税率为6%;小规模纳税人适用的税率为3%。

(3)应纳税额的计算

增值税的两类纳税人的计税方法不同,一般纳税人适用一般计算方法,小规模纳税人适用简易计算方法。

①一般计算方法:一般纳税人适用

应纳税额=当期销项税额-当期进项税额=销售额×税率-当期进项税额

对于贷款服务,以全部利息收入作为销售额,纳税人购买的贷款服务所对应的进项税不得抵扣销项税。抵扣销项税时采用发票扣税法,即以增值税扣税凭证(增值税专用发票)上注明的增值税额从销项税额中抵扣。

对于金融商品转让,按照卖出价减去买入价后的余额作为销售额。转让金融商品出现的正负差,按盈亏相抵后的余额为销售额。若相抵后出现负差,可结转下一纳税期与下期转让金融商品销售额相抵,但年末时仍出现负差的,不得转入下一个会计年度。

金融商品的买入价,可以选择按照加权平均法或者移动加权平均法进行核算,选择后 36 个月内不得变更。

金融商品转让不得开具增值税专用发票。

②简易计算方法:小规模纳税人适用

应纳税额=销售额×征收率;

应纳税额不得抵扣销项税。

(4)免征与减征优惠

根据营改增试点过渡政策,国债、地方政府债的利息收入、金融同业往来的利息收入(包括同业存款、同业借款、同业代付、买入返售金融商品、持有金融债券、同业存单等)免征增值税。证券投资基金(含封闭式证券投资基金和开放式证券投资基金)管理人运用基金买卖债券,债券转让价差收入免征增值税。

(5)增值税制度依据

目前我国涉及增值税的税法制度主要包括:《营业税改征增值税试点实施办法》《营业税改征增值税试点有关事项的通知》《营业税改征增值税试点过渡政策的规定》《财政部、国家税务总局关于进一步明确全面推开营改增试点金融业有关政策的通知》《关于明确金融、房地产开发、教育辅助服务等增值税政策的通知》《关于金融机构同业往来等增值税政策的补充通知》等。

3.印花税

印花税是对经济活动和经济交往中书立、领受凭证的行为征收的一种课税。1988 年,国务院颁布《印花税暂行条例》,对印花税应税凭证、纳税人、税务征收管理等进行规定。随后的多年内,国务院、财政部和国税总局相继出台了多个法规及部门规章,对印花税的征税范围、扣缴方式、税率等方面进行调整。

针对证券市场,我国对在上海证券交易所、深圳证券交易所和全国中小企业股份转让系统交易的 A 股、B 股等股票交易的出让方按 1‰的税率单向征收证券(股票)交易印花税。除此之外,我国未对其他证券及衍生品种交易征收证券交易印花税,也就是说,目前银行间债券市场不征收印花税。

(二)银行间债券市场参与者涉税情况

1.债券自营机构

(1)企业所得税

根据企业所得税法的规定,一般情况下机构自营资金进行债券投资获得的资本利得和利息收入均需要缴纳企业所得税。税率为 25%。

(2)增值税

按照营改增规定,机构自营进行债券投资获得的转让差价收入和利息收入均需要缴纳增值税。

银行间市场的机构自营投资者多数是一般纳税人,适用 6%的税率和一般计税方法,但也不排除小规模纳税人。依照《关于进一步明确全面推开营改增试点金融业有关政策的通知》,农村信用社、村镇银行、农村资金互助社、由银行业机构全资发起设立的贷款公司、法人机构在县(县级市、区、旗)及县以下地区的农村合作银行和农村商业银行提供金融服务收入,可以选择适用简易计税方法按照 3%的征收率计算缴纳增值税。

2.资产管理产品等非法人产品

"资产管理产品"包括证券投资基金、券商、信托、银行、保险等资产管理计划。

（1）企业所得税

资产管理产品的企业所得税，分为产品本身的所得税、产品投资者的所得税、产品管理人的所得税。根据《财政部、国家税务总局关于企业所得税若干优惠政策的通知》的规定：

对证券投资基金从证券市场中取得的收入，包括买卖股票、债券的价差收入，股权的股息、红利收入，债券的利息收入及其他收入，暂不征收企业所得税。

对产品投资者从证券投资基金分配中取得的收入，暂不征收企业所得税。

对证券投资基金管理人运用基金买卖债券的差价收入，暂免征收企业所得税。对基金管理人、基金托管人从事基金管理活动取得的收入，依法缴纳企业所得税。

其他类型的资产管理产品并没有专门的企业所得税政策，在实践中参照上述证券投资基金的处理办法。

（2）增值税

根据现行税法的规定，金融商品持有期间（含到期）取得的非保本的收益，不属于利息或利息性质的收入，不征收增值税。纳税人购入基金、信托、理财产品等各类资产管理产品持有至到期，不属于金融商品转让。

同时，根据营改增过渡试点的规定，证券投资基金（封闭式证券投资基金，开放式证券投资基金）管理人运用基金买卖股票、债券取得的金融商品转让收入免征增值税。

2017年7月1日（含）以后，资管产品运营过程中发生的增值税应税行为,以资管产品管理人为增值税纳税人,按照现行规定缴纳增值税。对资管产品在 2017 年 7 月 1 日前运营过程中发生的增值税应税行为,未缴纳增值税的,不再缴纳;已缴纳增值税的,已纳税额从资管产品管理人以后月份的增值税应纳税额中抵减。

资管产品运营过程中发生增值税应税行为的具体征收管理办法,由国家税务总局另行制定。

3.境外机构

(1)企业所得税

根据企业所得税法的规定,对在境内未设立机构场所或虽设立机构场所但取得所得与其所设机构场所没有实际联系的所得应缴纳的所得税(例如利息所得和债券转让所得),实行源泉扣缴,以支付人为扣缴义务人。税款由扣缴义务人在每次支付或者到期支付时,从支付或者到期应支付的款项中扣缴。

扣缴企业所得税应纳税额＝应纳税所得额×实际征收率

其中,债券利息收入的应纳税所得额为利息收入全额。

一般的境外机构投资者为未在我国境内设立机构场所的非居民企业,适用 10%的优惠税率。实务中,某一境外机构投资者最终的适用税率,还需结合双边税收协定的规定作出判断。某些税收协定对利息所得给予了优惠税率并对适用条件进行了严格的规定。

(2)增值税

在目前的税收政策中,对增值税的规定并未像所得税一样按照居民企业和非居民企业进行分类,对境外机构来源于中国境内的所得是否缴纳增值税尚未明确。

境外单位或者个人在境内发生应税行为，在境内未设有经营机构的，以购买方为增值税扣缴义务人。

应扣缴税额＝购买方支付的价款÷（1+税率）×税率

境外投资者的适用税率为金融业的税率6%。

按照营改增试点过渡政策的规定，合格境外投资者（QFII）、人民币合格境外投资者（RQFII）委托境内公司在我国从事证券买卖业务，以及经中国人民银行认可的境外机构投资银行间本币市场取得的金融商品转让收入免征增值税。

4.债券发行人及承销商

发行人发行债券的收入属于负债，不属于"销售货物或提供劳务"的经营所得，因此不是企业所得税和增值税的征税范围，无须征税。

承销商获得的收入按照合同约定属于承销费、分销费的，按照"直接收费金融服务"缴纳增值税、按照"提供劳务收入"缴纳企业所得税。

（三）银行间债券市场券种涉税情况

1.国债、地方政府债

国债和地方政府债券利息收入免征增值税、企业所得税，转让价差收入征收增值税、企业所得税。

根据营业税改增值税试点过渡政策的规定，国债、地方政府债利息收入免征增值税。

《企业所得税法》第二十六条和《国家税务总局关于企业国债投资业务企业所得税处理问题的公告》第一条规定，企业取得的国债利息收入，免征企业所得税。其中，企业从发行者直接投资购买的国债持有至到期，其从发行者取得的国债利息收入，全额免征企业所得税；企业到期前转让国债,或者从非发行者投资购买的国债,按实际持有天数计算的国债利息收入,免征企业所得税。

《国家税务总局关于企业国债投资业务企业所得税处理问题的公告》(2011年第36号)第二条规定,企业转让或到期兑付国债取得的价款,减除其购买国债成本,并扣除其持有期间尚未兑付的国债利息收入以及交易过程中相关税费后的余额,为企业转让国债收益(损失),作为企业应纳税所得额计算纳税。

《财政部、国家税务总局关于地方政府债券利息免征所得税问题的通知》(财税〔2013〕5号)规定,对企业和个人取得的2012年及以后年度发行的地方政府债券利息收入,免征企业所得税和个人所得税。地方政府债券是指经国务院批准同意,以省、自治区、直辖市和计划单列市政府为发行和偿还主体的债券。

2.铁道债

根据《关于铁路建设债券利息收入企业所得税政策的通知》(财税〔2011〕99号)、《关于2014、2015年铁路建设债券利息收入企业所得税政策的通知》(财税〔2014〕2号)和《关于铁路债券利息收入所得税政策问题的通知》(财税〔2016〕30号),对企业持有2011—2018年发行的中国铁路建设债券取得的利息收入,减半征收即征收12.5%的企业所得税。

3.金融债券

根据营改增试点过渡政策,金融机构持有金融债券利息收入免征增值税。

(四)银行间债券市场税收征缴情况

1.居民企业

(1)企业所得税

企业所得税按年计征,分月或者分季预缴,年终汇算清缴,多退少补。

(2)增值税

增值税的纳税期限分别为1日、3日、5日、10日、15日、1个月或者1个季度。纳税人的具体纳税期限,由主管税务机关根据纳税人应纳税额的大小分别核定。以1个季度为纳税期限的规定适用于小规模纳税人、银行、财务公司、信托投资公司、信用社以及财政部和国家税务总局规定的其他纳税人。不能按照固定期限纳税的,可以按次纳税。

纳税人以1个月或者1个季度为1个纳税期的,自期满之日起15日内申报纳税;以1日、3日、5日、10日或者15日为1个纳税期的,自期满之日起5日内预缴税款,于次月1日起15日内申报纳税并结清上月应纳税款。

2.非居民企业

对于未在我国境内设立机构场所的非居民企业,投资债券获得收入的应纳所得税和增值税实行源泉扣缴,以支付人(发行人或者购买人)为扣缴义务人。扣缴义务人应在每次支付或者到期应支付时,从支付或者到期应支付的款项中扣缴。

扣缴义务人每次扣缴的企业所得税,应当自代扣之日起7日内缴入国库,并向所在地的税务机关报送扣缴企业所得税报告表。

扣缴义务人解缴增值税税款的期限,按照居民企业的规定执行。

对QFII、RQFII取得来源于中国境内的股票等权益性投资资产转让所得,暂免征收企业所得税。但是对于债券转让价差收入暂未明确是否征收企业所得税及增值税。

对于利息收入,按不同券种缴纳相应的企业所得税和增值税。

由于没有出台源泉扣缴相关细则,在实际操作中发行人或购买人并未代扣代缴。

表1　银行间债券市场的税收政策汇总表

境内机构		
税种	业务类别	税制
企业所得税	持有到期利息及持有期间利息	国债、地方政府债免税
		铁路建设债券按12.5%征收
		其余债券按25%征收
	转让价差收益	所有债券转让按25%征收
增值税	持有到期利息及持有期间利息	国债、地方政府债免税
		金融机构持有金融债券免税
		其余债券按6%征收
	转让价差收益	所有类型债券按6%征收
境外机构		
税种	业务类别	税制
企业所得税	持有到期利息及持有期间利息	国债、地方政府债券免税
		其他债券按10%征收
	转让价差收益	所有债券转让均暂免征收
增值税	持有到期利息及持有期间利息	国债、地方政府债免税
		其余债券征6%
	转让价差收益	所有债券转让均免征

二、银行间债券市场税收问题及影响分析

(一)缺乏银行间市场统一的税收文件或指引

一是缺乏银行间市场统一的税收文件或指引,参与机构梳理难度较大,境外机构更甚。银行间市场的税收安排散落在不同时期、针对不同行业的税收文件中,文件之间相互关联度有限。实践中在征税所得、应税所得计算、新政策追溯期等多方面存在不够明确,难以形成清晰的操作框架。一些问题上,不同机构会计核算部门乃至不同会计师事务所的解释也有所不同。

二是银行间市场业务较为复杂,新的投资主体、新的交易品种如何确定税收缴纳问题较难。

如,财税〔2016〕140 号规定的"资管产品运营过程中发生的增值税应税行为,以资管产品管理人为增值税纳税人。"这一"资管产品"的范畴如何界定,是否包括证券公司资产管理计划、信托产品、银行理财等。据了解,实际上近年来一些通道业务,在未明确之前,均未缴纳银行间市场相关税款。又如,不同于生产行业的"商品转让",银行间市场交易频次高、市场行情波动大,交易产品不仅涉及债券等基础资产,还包括现金流交换、买卖金融资产权利等,交易产生的价差和利息收入不仅包括买卖增值额,还包括通货膨胀补偿、市场风险溢价等因素。因此,"金融商品"在计税过程中如何界定增值额、如何扣抵正负损益等均存在技术难度。而当前政策规定对转让价差收入和利息收入的销售额计算方法均不明确。银行间债券市场目前实行了"净价交易,全价结算",以"净价"衡量资本利得,但相关税收政策文件从未明确说明到底是哪个价格用于计算,各地方

也一直对此存在争议。不同的计算方法将导致不同交易者之间应纳税额的不公平。由于没有写明确这些细节问题,所以产生两种结果:一是各地税务局会进行解释,导致不统一;二是在税收征管工作中,纳税人在与税务机关产生争议,增加了企业合规风险。

(二)境外机构税收政策及扣缴方式不明确

近年来,金融市场发展以及对外开放政策的快速推进,使得税收政策明显滞后于市场。仅少数金融市场对外联通政策出台时,同步对配套税收政策进行规定,如沪港通及深港通开通时,同时公布了有关税收的配套政策。除此之外,一般市场创新缺乏配套的税收政策。如可参与境内市场的机构类型,除早期的 QFII 之外,还包括 RQFII、三类机构等,但这些机构并未被纳入税收政策范畴;再如信用风险缓释工具、股指期货等创新产品也未被此前政策所涵盖。未来随着参与境内市场的境外机构类型越来越多,可参与投资的品种越来越丰富,这一问题将更加突出。

对于境外机构,现有税收政策和征缴安排存在的主要问题为:一是境外机构利息收入和转让价差收入适用何种税收安排不够明确;二是境外机构面临税收的征缴安排尚未明确。具体分析如下:

1.税收政策不明确

(1)所得税

根据《企业所得税法》相关规定,对于境外投资人取得的利息收入,应由债券发行人在支付利息时代扣代缴 10% 的企业所得税。目前尚未明确境外投资人参与我国债券市场的利息收入是否属于上述企业所得税征缴范围,按照 10% 的税率缴纳企业所得税。目前,税收政策(财税〔2014〕79号《关于 QFII 和 RQFII 取得中国境内的股票等权益性投资资产转让所得暂免征收企业所得税问题的通知》）已明确规定 QFII 和 RQFII 取得的股息应缴纳 10%的企业所得税，对 QFII、RQFII 取得来源于中国境内的股票等权益性投资资产转让所得，暂免征收企业所得税。但对 QFII、RQFII 及其他境外投资人投资债券取得的利息收入及资产转让所得未作明确规定。

此外，境外投资者的利息收入所得税征收环节也不明确。

境外债券投资者取得利息收入有两个环节：一是债券到期收取到期利息（这里的"到期"特指债券付息日或到期兑付日时发行人支付债券利息）；二是到期前被转让，转让收入中包含持有期间的应计利息收入。与此对应有两个征税方案：方案一是在到期和转让环节均征收利息所得税；方案二是仅在到期环节征收。

我国现行所得税法并未就境外投资者的征收环节进行明确规定，但在市场实践中一般理解仅在到期环节征收。

（2）增值税

根据 36 号文的相关规定，境外机构持有债券取得的利息收入应缴纳增值税，适用税率为 6%。目前尚未明确境外投资人参与我国债券市场的转让价差收入是否属于增值税征缴范围。36 号文的附件《营业税改征增值税试点过渡政策的规定》第一条第二十二款仅规定了 QFII、RQFII 基金买卖股票、债券时的金融商品转让收入免征增值税。对 QFII 外的其他境外机构（如 RQFII、境外央行、境外人民币清算行、境外人民币参加行和其他合资格境外投资人等）参与债券市场的转让价差收入是否征收增值税没有明规定。

此外，确定证券交易预提税纳税义务的发生时间和如何计算应纳税所得额也存在难度。由于一些境外投资者可能会长期持有某项证券，而也有许多投资者可能会对某项证券在短期内进行高频度的交易。此外，作为专业投资机构往往会通过股指期货等工具平衡其盈利波动，这也造成其不同证券交易在很多时候会存在盈利和亏损并存的情况。在这种情况下，如何确认证券交易预提税纳税义务的发生时间，以及在计算应纳税所得额时是否可以抵扣其亏损，均会大幅影响境外投资者的实际纳税义务。而对于这些问题，相关税收法规目前仍未有确切的规定。

（3）国际税收协定适用

目前与境外投资者的投资所得相关的税收协定条款主要包括股息条款、利息条款和财产收益条款。如果可以适用相关税收协定，境外投资者即可以获得税收协定的保护，有可能适用更为优惠的预提所得税税率，甚至因此不需在中国就相关所得缴纳所得税。目前实际中有关国际税收协定有以下问题：

第一，QFII 的适用政策存在争议。国税函〔2009〕47 号允许 QFII 以自己的名义申请适用税收协定待遇。但在某些情况下，QFII 等境外专业机构会接受非居民投资者的委托，代其投资境内居民企业的股权、债权投资，在委托投资期间，受托资金独立于其 QFII 自有资金专项管理。QFII 只根据相应的委托或代理协议收取服务费或佣金。受托资金的投资收益和风险实际上由非居民投资者取得和承担。此时，根据国家税务总局公告 2014 年第 24 号有关"委托投资"的规定，似乎应当以非居民投资者为主体申请适用相关税收协定待遇。

第二，其他部分境外机构主体申请资格不明确。就其他类型的境外资产管理和投资主体（例如私募基金、集合投资工具、信托等）而言，其在投资决策，风险报酬等方面可能与国家税务总局公告 2014 年第 24 号中所述的"委托投资"有较大差异。此时，这些境外主体是否应当以自身名义直接申请税收协定优惠待遇，尚无确切结论。在一些情况下，以 QFII 的实际投资者作为申请主体可能较为合适。此时，如何确认和界定 QFII 境外真正投资人的国别和纳税居民所属地就非常重要。

第三，在确定税收协定优惠待遇申请主体之后，其具体的申请方式及流程存在障碍。实务中，税收协定可以给境外投资者提供更为优惠的预提所得税适用税率。但如果境外投资者的投资较为分散，则其可能需要分别至各扣缴义务人所在地的主管税务机关申请税收协定优惠待遇，加大了纳税人在操作中的难度。

第四，税收协定存在诸多适用性问题，难以落地。目前，境内的境外机构投资者中存在较多境外机构主体与实际投资人不一致的情况，也即多个来自不同国家的实际投资人共同投资了某一产品，该境外机构主体参与境内市场投资，这就容易带来税收协定的适应性问题。对于 QFII 而言，国税函〔2009〕47 号允许 QFII 以自己的名义申请适用税收协定待遇，但一些 QFII 的交易安排也可符合国家税务总局公告 2014 年第 24 号有关"委托投资"的规定，此时又应当以 QFII 的实际投资人为主体申请适用相关税收协定待遇。对于其他类型的境外资产管理和投资主体而言，它们在投资决策、风险报酬等方面可能与国家税务总局公告 2014 年第 24 号中所述的"委托投资"有较大差异。此时，这些境外主体是否应当以自身名义直接申请税收协定优惠待遇，尚无确切结论。此外，在确定税收协定优惠待遇申请主体之后，其具体的申请方式及流程同样存在障碍。如果境外投资者的投资较为分散，则其可能需要分别至各扣缴义务人所在地的主管税务机关申请税收协定优惠待遇,加大了纳税人在操作中的难度。

2.扣缴方式不明确

在境外机构征收管理的实际执行中,由于没有具体的实施细则,可操作性较差,同时由境内代理人或交易对手方代扣代缴存在困难,在缺乏外在征收制度约束和激励的情况下,境外机构没有动力在中国境内自主缴纳税款,因此,境外机构缴纳税收的情况较不理想。导致当境外机构将投资银行间市场的利润所得汇出境外时,无法提供完税证明(该证明由代扣代缴义务人提供),对资金汇出带来影响。同时,境外机构担心,之前由于税收制度不够明确而未缴纳的所得税,税务部门可能会追缴、甚至要求缴纳滞纳金,影响了其投资积极性。

(1)所得税

对于境外投资者,目前相关税收政策规定由负有支付相关款项义务的单位或个人为扣缴义务人,但由于没有出台源泉扣缴相关细则,实际中发行人或购买人并未代扣代缴。另外,从征收效率角度看,发行人作为扣缴义务人效率较为低下。投资者需从多个发行人处获取完税证明,极为不便。

在实际中,发行人通常将利息全额兑付给投资者,未执行扣缴义务。在发债企业无法执行代扣代缴义务的情况下,理论上应由投资者人自主申报纳税,但不同机构在收到全额兑付的利息后处理方式差异较大。一些基金管理公司(即基金管理人)在收到全额利息后进行代扣,并将这部分税收计入基金资产负债表的"应交税费"科目进行挂账处理,减少了基金资产净值,但是未代缴;而一些机构直接将全额的利息收入支付给其投资者,不进行代扣。

对于境外投资者，由于其大多数未在境内设立机构场所，再加上对于我国的税收政策制度并不熟悉，自主申报纳税面临现实条件制约。据了解，境外投资者在收到全额兑付的利息后处理方式各有不同，有些进行了预留，也有一些将利息全数兑付给投资者，一旦将来税务部门进行追缴，很多境外机构将面临问题。

（2）增值税

根据《营业税改征增值税试点实施办法》第六条，境外单位或个人在境内发生应税行为，在境内未设有经营机构的，以购买方为增值税扣缴义务人。这与原《营业税暂行条例》和《金融保险业营业税申报管理办法》中，境外机构投资银行间债券市场由其境内代理人为扣缴义务人扣缴营业税，在境内没有代理人的，以债券的受让方或者购买方为扣缴义务人扣缴营业税的方式存在不同。实际操作层面上，购买方代扣代缴的具体方式有待明确。

因计算增值税涉及每笔境外投资人参与的债券交易以及取得的利息收入，代扣代缴义务人需要充分获取计算增值税所涉及的相关信息，且计算过程复杂，应从制度层面对代扣代缴义务人和扣缴方式予以明确。

在交易所市场，中证登作为结算托管机构掌握所有证券的持有账户情况，诸如派息、分红等资金流转均通过中证登进行，派发企业可通过中证登直接向境外机构派发税后股息、红利的部分，然后中证登将税款返还派发企业，再由企业向税务部门缴纳。不仅对境外机构，对境内机构以及个人投资者相关税收的扣缴都同样由派发企业代扣，因此也不会额外增加代扣代缴人的负担。

但在银行间市场，如果由境外机构代理人代扣代缴则存在诸多不便之处。从职责分工而言,目前,代理人的主要职责是为境外机构提供的债券交易与结算服务,并没有代缴税收服务。从实际操作上而言,境外机构自身适用的税收规定非常复杂,而且还存在很多不确定性,代理人很难作为扣缴义务人履行扣缴义务。此外,由代理人代扣代缴无疑增加了代理成本,从而增加了境外机构的交易成本。如果实行源泉扣缴则同样存在难度,因为在证券交易中,交易对手方往往并不清楚其卖方的具体信息,更从无知晓其对应的纳税政策,难以履行上述扣缴义务。

(三)税收政策对债券市场发行和交易定价的影响

在银行间债券市场上,发行人通过发行债券筹集资本,对于发行人而言,没有应交税费。但是,对于投资人而言,需要缴纳相应的所得税和增值税,因此在作投资决策时需要考虑税收效应对债券收益率的影响。

首先,在其他条件相同的情况下,免税债券的到期收益率比类似的应纳税债券的到期收益率低。例如对于信用风险类似的政策性金融债和国债,国债的税收优惠使其收益率低于政策性金融债,价格比较优势下降,在发行人未执行代扣代缴义务的现状下,基金类投资者持有国债的意愿降低,而基金类投资者又是债券二级市场上较为活跃的投资者之一,这在一定程度上降低了国债二级市场活跃度。

其次,对同一类债券而言,不同票面利息也会带来不同的税收效应。例如,国债在估值定价过程中会受到税收效应的影响。由于国债利息收入免征所得税,在收益率水平一定的情况下,高票息的债券由于能够获得更多的免税收入,内在价值更高,因此投资者将愿意出更高的价格来购买;反之,低票息的债券免税收入较少,投资者将要求更低的价格来对这种损失予以补偿。因此票面利息越高的国债,其免税利息收入越高,相应的税收效应越明显，从而使待偿期相同的两只国债出现收益率水平的差异，降低国债定价效率，影响了国债收益率曲线的形成。

最后，对于大部分债券而言，投资者均有纳税义务，在同样的收益率水平下，高票息的债券虽然意味着持有期间更高的票息收入，但也意味着更高的初始购买成本和税收。因此，投资者不会仅仅根据票面利息高低进行投资，还需要考虑相应的税收效应。

（四）"营改增"对银行间市场债券投资税负的影响

2016 年 3 月 23 日，财政部、国税总局联合发布《关于全面推开营业税改征增值税试点的通知》（财税〔2016〕36 号），全面推行"营改增"。4 月 29 日，发布《关于进一步明确全面推开营改增试点金融业有关政策的通知》（财税〔2016〕46 号），进一步明确了金融行业纳税标准。"营改增"后，债券投资利息收入和转让价差收入应缴纳的营业税变为增值税。

债券投资转让价差收入方面，营改增后，境内机构债券转让价差收入纳税由先前按 5% 征营业税变为按 6% 征增值税，这部分税收整体变化不大。债券持有期间利息收入方面，据市场成员反映，营改增前，大多数投资者债券持有期间的利息收入并未缴纳营业税，营改增后，对于除国债、地方政府债、政策性金融债、金融机构之间持有金融债利息收入免征增值税，其他债券利息收入均征 6% 增值税。据粗略估算，目前银行间市场信用类债券存量共计 11.5 万亿元，若票面利率按 3%~8% 计算，利息增值税每年会增加 195 亿~521 亿元。

表 2 "营改增"前后债券投资税收变化情况

债券类别	业务类别	营业税制	"营改增"后	税负变化
国债、地方债	转让价差收益	征营业税	征增值税	税率从5%上升至6%
	利息收入	免营业税	免增值税	不变
政策性金融债	转让价差收益	征营业税	征增值税	税率从5%上升至6%
	利息收入	免营业税	免增值税	降低
其他债券	转让价差收益	征营业税	征增值税	税率从5%上升至6%
	利息收入	各地情况有所不同,部分免税、部分征税	征增值税	一部分税率从0%上升至6%,一部分从5%上升至6%

三、国际及相关市场经验及政策建议

(一)国际及相关市场经验

1.国际及相关市场境外投资者税收制度经验

金融市场税收制度应当与市场发展阶段保持一致。在我国金融市场日益走向开放的今天,借鉴其他国家(地区)的成熟税收制度显得尤为重要。附件选取了美国、英国、加拿大、日本等国家和地区作为样本,对这些国家、地区关于非居民投资者投资的税收制度进行了比较,主要包括资本利得、投资收益的税收制度以及交易的增值税税收制度进行了比较研究。经研究分析,其他国家和地区境外投资者的税收制度有以下特点和借鉴意义:

(1)谨慎或者差异化征收资本利得税

由于金融产品价格涨跌受较多无法预测的因素影响,因此其价格天然具有波动性。而买卖金融产品的资本利得也就具有不规律性和不可预测性。考虑到金融市场交易的这一特点,许多国家、地区对资本利得税都持较为谨慎的态度。一般而言,资本市场较为发达的国家、地区较少征收资本利得税或只就直接与不动产权益相关的证券征收资本利得税。而其他国家、地区即便征收资本利得税,也会同时提供诸多税收优惠政策。一些国家、地区对不同类型的资本利得(投资者)实施差异化的税收政策。例如,区分投资行为和投机行为。在中国香港,资本利得一般不征税,但如果投资者在短期内频繁炒作而获利,其所得可被香港税务部门裁定为经营性所得,并入其他所得计征薪俸税。在巴西,如果资本利得来自同一日的投机交易所得,则税率上升,也体现了抑制投机行为的原则。再如,区分短期投资和长期投资。在印度,将长期资本利得和短期资本利得分别作税务处理,允许前者享受更优惠的税收政策。

(2)区分利息所得与股息所得分别处理

从上述国家(地区)的税收制度来看,大部分国家(地区)对非居民企业均不同程度地征收投资所得税,其中,对股息所得征收预提税的比例较高,对利息所得征收预提税的比例则相对较低。实际上,也有一些国家(地区)对股息所得免征预提税。这种税收政策可能是基于对重复征税和税收公平的考虑。证券投资所得本身就是股份公司在缴纳完企业所得税后分给投资者的税后所得,如果再对其征收一次个人所得税就出现了重复征税的现象,这将使投资者承担更多的税收负担。此外,这种税收政策也有利于活跃证券市场,保证公平的竞争秩序。

(3)将金融服务纳入增值税纳税范畴,对金融交易多免征增值税

从整理的国家和地区税收政策来看,除少数国家和地区之外,多数国家和地区都建立了较为完善的增值税法律体系(其名称可能为消费税、货物与劳务税等),可以较为全面地覆盖各类型交易。值得注意的是,这些

国家一般只将部分金融服务纳入增值税征税范围,例如,金融咨询、基金管理、银行保管箱等。实际上,由于难以准确界定这些业务的增值额,也难以适用传统的增值税抵扣制度,这些国家(地区)对于股票交易、债券交易、存贷款业务一般均免征增值税。

2.交易所市场

交易所市场目前参与交易的境外机构为 QFII 和 RQFII,可参与业务包括股票、权证和股指期货投资。在税收相关的操作中:增值税方面,按照营改增试点过渡政策的规定,QFII、RQFII 委托境内公司在我国从事证券买卖业务,以及经中国人民银行认可的境外机构投资银行间本币市场取得的金融商品转让收入免征增值税;所得税方面,涉及上市公司的股息红利、可转债利息暂时由发行人代扣代缴所得税,税率为 10%,权益性资产(如 A 股股票)的资本利得税在财税〔2014〕79 号颁布之后可以暂免征收,而其他类型证券则仍有待于明确;印花税,股票印花税由中证登代为扣缴,其他品种不缴纳。

沪港通方面,《关于沪港股票市场交易互联互通机制试点有关税收政策的通知》(财税〔2014〕81 号)规定,对香港市场投资者(包括企业和个人)投资上交所上市 A 股取得的转让差价所得,暂免征收所得税。对香港市场投资者(包括企业和个人)投资上交所上市 A 股取得的股息红利所得,在中国香港结算不具备向中国结算提供投资者的身份及持股时间等明细数据的条件之前,暂不执行按持股时间实行差别化征税政策,由上市公司按照 10% 的税率代扣所得税。

深港通方面,财政部、国家税务总局、中国证监会 12 月 1 日发布《关于深港股票市场交易互联互通机制试点有关税收政策的通知》,明确深港股票市场交易互联互通机制试点涉及的有关税收政策问题。对香港市场投资者（包括企业和个人）投资深交所上市 A 股取得的转让差价所得，暂免征收所得税。对香港市场投资者（包括企业和个人）投资深交所上市 A 股取得的股息红利所得，在中国香港结算不具备向中国结算提供投资者的身份及持股时间等明细数据的条件之前，暂不执行按持股时间实行差别化征税政策，由上市公司按照 10% 的税率代扣所得税，并向其主管税务机关办理扣缴申报。对于香港投资者中属于其他国家税收居民且其所在国与中国签订的税收协定规定股息红利所得税率低于 10% 的，企业或个人可以自行或委托代扣代缴义务人，向上市公司主管税务机关提出享受税收协定待遇退还多缴税款的申请，主管税务机关查实后，对符合退税条件的，应按已征税款和根据税收协定税率计算的应纳税款的差额予以退税。对香港市场投资者（包括单位和个人）通过深港通买卖深交所上市 A 股取得的差价收入，在营改增试点期间免征增值税。

在扣缴所得税的流程中，交易所采取"代扣不代缴"的模式，中证登按 10% 的税率代扣相关非居民企业上述企业所得税，再向非居民企业派发债券税后利息，之后将税款返还债券发行人，然后由发行人向当地税务部门缴纳。为便于缴纳上述税款，债券发行人会要求 QFII、RQFII 等境外投资者在债券付息日起 7 个工作日内，将《债券付息事宜之 QFII、RQFII 等非居民企业情况表》（填写并加盖公章）、证券账户卡复印件（需加盖公章）、QFII、RQFII 证券投资业务许可证复印件（需加盖公章）等一并传真至发行人。在收到上述材料后，发行人向当地税务部门代缴 QFII、RQFII 所得税。

3.QFII/RQFII 经验

《关于 QFII 和 RQFII 取得中国境内的股票等权益性投资资产转让所得暂免征收企业所得税问题的通知》(财税〔2014〕79 号)规定,经国务院批准,从 2014 年 11 月 17 日起,对合格境外机构投资者(简称 QFII)、人民币合格境外机构投资者(简称 RQFII)取得来源于中国境内的股票等权益性投资资产转让所得,暂免征收企业所得税。在 2014 年 11 月 17 日之前 QFII 和 RQFII 取得的上述所得应依法征收企业所得税。但这些文件未提及对其他类型证券转让(如债券)所得的税务处理。因此,这一方面仍有待进一步明确。

4.国际及相关市场关于国债利息收入的税收制度经验

国际上对国债利息所得和资本利得都采取相同的税收政策,大多数国家对国债利息所得和资本利得都征收所得税,少数国家是二者均免税或者二者均给予相同的优惠税率。

(二)政策建议

为进一步完善债券市场税收制度。一方面,有利于引入更多境外投资者,促进外资流入,增加外汇储备、稳定汇率,防范汇率风险。另一方面,有利于减轻债券投资税收负担,进一步推动债券市场发展,提高直接融资比重,更好地金融服务实体经济发展的作用。建议从以下三方面进一步完善债券投资税收制度:

1.积极推动财税部门尽快出台专门的税收文件

积极推动财税部门尽快出台专门的税收文件,或至少制定权威、全面的业务指引,解决争议。

以明确境外机构投资银行间市场税收安排为契机,将散落在各个文件、"补丁"中的政策进行汇总、集中出台,在征税所得、应税所得计算、新政策追溯期等多方面加以明确,并加强政策宣介、税务培训,为境内外投资者提供明确的税收环境。

此外,建议积极推动财税部门对债券投资利息收入免征增值税。"营改增"增加了投资者债券投资的税收负担,背离了增值税改革减轻企业税负的政策目标,可能对直接融资市场的发展产生一定负面影响。另外,从国际市场情况看,鲜有对金融产品投资利息收入征收增值税的情况。因此,从推动直接融资市场发展和国际市场接轨等方面考虑,建议对债券投资利息收入免征增值税。

2.明确境外机构税收政策及扣缴方式

截至目前,财税部门未专门出台过境外投资者债券投资税收规定,相关政策多为窗口指导或部门函件,存在一定不确定性,一定程度上影响了境外投资者投资银行间市场的积极性,结合金融市场特点,对目前尚不明确或征收存在困难之处进行修订,在修订期间推行过渡政策,促进市场平稳发展,使税收政策更好落地,以解决境外机构投资境内市场的税收制度障碍。明确新政策征税不追溯或规定追溯期,在修订期间推行过渡政策,明确过渡期内不进行征税或规定征税标准,避免由于长期以来相关规定缺失导致追溯产生重大影响,不利于稳定市场。

(1)建议明确境外投资者税收政策,确定各税种是否应纳税及相关税率

税收政策的明确可使境外投资者缴税有章可循,避免合规性风险。欧美等发达境外债券市场对境外投资人的税收政策均进行了明确规定。建议对境外投资人参与银行间债券市场取得的利息收入和价差收入具体

的税收政策予以明确。

明确除 QFII、RQFII 外的境外投资者是否缴纳增值税。鉴于税务监管机关在相关规则中仅明确 QFII、RQFII 为无须对金融商品买卖收入缴纳增值税的例外情况,那么,理论上说,除 QFII、RQFII 外的所有境外投资者均应缴纳增值税。由于美国没有增值税,仅根据美国所得税经验,境外金融机构投资美国境内债券市场的收入均需缴纳预提税,并不对投资者类型进行区分。那么,考虑到实际业务中还需要税务机关明确是否对所有境外投资者均采取免征增值税的安排。

明确境外投资者是否缴纳所得税。经国务院批准,从 2014 年 11 月 17 日起,对 QFII、RQFII 取得来源于中国境内的股票等权益性投资资产转让所得,暂免征收企业所得税。但未提及对其他类型证券转让(如债券)所得的税务处理。对于境外投资者参与银行间债券市场取得的利息收入和价差收入是否征收所得税需要进一步明确。如若对境外投资者的利息收入预提所得税,还需进一步明确其征税环节。

(2)建议借鉴国际发达债券市场经验,完善银行间市场税收征缴安排

从法律法规文件来看,我国税收安排中,对境外机构税款的扣缴方式是明确的,即,境外机构投资证券市场涉及的增值税、所得税均采用源泉扣缴的方式,由购买方/支付方为代扣代缴义务人,这与美国的税收申报安排也是相同的。但实际操作中,由于没有相关的细则指导,导致购买方/支付方无法代扣税费。对于境外机构而言,到税务机关或通过网络自行申报虽能保证不会重复征税,但涉及地域、语言等方面的问题,实际操作较难;由发行人、结算代理人代扣代缴在计算每笔交易的应税金额、提供完税证明等方面均存在不便之处。所以,税务监管机关应尽快出台明

确具体的扣缴细则,并督导源泉扣缴落实执行。

从国际经验看,美国证券托管结算公司(DTCC)、俄罗斯国家证券托管公司(NSD)和韩国中央托管机构(KSD)都为境外投资者提供代扣代缴服务。印尼中央托管公司(KSEI)和日本证券存管中心(JASDEC)也为境外投资者提供税务服务。

从我国国内经验看,由中央托管机构承担代扣代缴义务在交易所市场也已经有了一定的实践经验。目前,我国股票市场方面已经由交易所执行了部分代扣代缴义务。交易所有详细的投资者名册,可根据各类投资者人的适用税率,对每一笔交易或者付息执行代扣的义务。但是交易所并未执行税收代缴,而是代扣后将税款退还给发行人,由发行人在各所在地执行代缴义务。这种方式的优势在于能够准确地针对投资人的类别采用不同的适用税率,实际执行的效率较高,保证了国家税款的足额征收。但是交易所只执行代扣不执行代缴的做法,又在一定程度上增加了发行人的操作成本。

在我国银行间债券市场现行一级托管模式下,由中央托管机构提供预提税服务不仅在技术上更加可行,在征收结果上也更加公平。因此,建议由中央托管机构统一执行境外机构的债券利息所得税代扣代缴义务,并出台实施细则。

由中央托管机构担任扣缴义务人具有很强的操作性。中央托管机构承担了交易的登记、结算以及代理还本付息的职能,能够清晰、实时地了解各只债券的投资者、投资者类型及其适用税率,在代扣上具有非常强的可操作性。与此同时,统一由中央托管机构执行代扣代缴的义务,既节约了发债企业的成本,也为投资者规避了税务风险,方便投资者获取完税证明,同时也保证了国家税款的及时缴纳。相比由发行人代扣代缴或是境外机构的代理人自行申报更具效率。这既为境外投资者提供了较为稳定的政策预期,也为其提供了简便可行的操作程序,便于其遵从我国税收规定,增强债券市场的吸引力,推动债券市场国际化进程。

(3)建议对境外投资人给予税收优惠,减免增值税,提高境外机构参与银行间债券市场的积极性

税收减免可避免复杂的征税流程,有助于降低境外投资人的纳税成本。加拿大、法国、德国、新加坡、马来西亚、泰国等对境外投资人参与场外市场债券投资给予税收减免的政策。为进一步鼓励境外投资人参与银行间债券市场相关业务,建议实施相关税收减免政策。特别是对于增值税,建议对于境外投资人投资银行间债券市场暂免征收增值税。增值税的减免可达到简化复杂征税流程、提高境外投资人参与度等双重效果。

建议推动财税部门明确境外投资者投资熊猫债免征所得税。境外投资者注册地位于境外,属于企业所得税法中的非居民企业。非居民企业在中国境内未设立机构、场所的,或者虽设立机构、场所但取得的所得与其所设机构、场所没有实际联系的,应当就其来源于中国境内的所得缴纳企业所得税。熊猫债发行人注册地位于境外,境外投资者取得的熊猫债利息收入属来源于中国境外的收入,建议明确免征所得税。

(4)完善税收协定相关制度,推动优惠政策落地

一是明确税收协定申请主体,明确境外主体是否应当以自身的名义直接申请税收协定优惠。二是出台缴税操作指引,简化税收优惠协定的申请流程,出台切实可行的境外机构缴税操作指引。

此外,加强对托管行、代理行的政策培训或指导,引导其更好地开展

境外机构相关业务。一般的境外机构在境内没有机构或场所,这意味着代理行、托管行是其了解境内市场的主要渠道,因此,培训和指导中介机构有助于通畅境外机构参与境内市场的渠道,确保境内托管行和代理行及时掌握境外投资者在境内投资中遇到的税务问题,有效提升境外机构参与境内市场的规模和活跃度。

3.建议会同财税部门开展国债、地方债税收政策相关研究

仅对国债利息免税不利于国债二级市场流动性提高,不利于国债收益率曲线的构建,降低国债的基准作用。为了消除这些不利影响,应对国债利息以及资本利得采用相同的税收制度。从国际经验来看,大多数国家对国债的利息与资本利得采用相同的税收政策,具体包括以下两个方案:

方案一,对国债票面利息收入和资本利得同时征收企业所得税。若对国债票面利息收入计征企业所得税,国债的票面利率会升高,财政部每年的国债利息支出增加,但与此同时税收收入也会相应增加,因此不会增加财政负担。

同时建议具体操作时新老划断,对于新发国债票面利息收入计征企业所得税,存量国债由于票面利率已考虑免税因素,因此建议仍按目前方法免征企业所得税,以免引发存量国债二级市场价格断崖式下跌,引起恐慌。

该方案的优势:(1)国债票面利息收入和资本利得采用统一的税收政策,不会对定价带来干扰;(2)国债与其他债券的税收政策一致,其定价基准作用提升;(3)增加境外机构、基金等投资者的国债购买意愿,提高国债流动性。

该方案的弊端:新老划断使得税收差异将在一定时期内存在,企业计

算所得税时,需要将新老两种国债分开计算,有一定操作成本。

方案二,对国债票面利息收入和资本利得均免征企业所得税。

从债券的整个交易链条来看,投资债券获得的票面利息收入和资本利得均是实际利息收入的一部分。若以高于票面利率的市场收益率折价购入一个债券并持有至本息清偿,与平价购入一个以市场收益率发行的债券相比,前者会获得资本利得,但是每年获得的票面利息收入较少,前者的资本利得实际上是对每年少获得的票面利息收入的补偿。也就是说,前者的实际利息收入不仅包括票面利息收入,也包括其获得的资本利得。我国企业所得税法规定,国债利息收入为免税收入,但是并没有明确"利息收入"具体所指,在国家税务总局公告2011年第36号中,对企业所得税法的规定进行了解释,才将"利息收入"解释为"票面利息收入"。但是,从上文的分析中可以看到,利息收入更应该被解释为"实际利息收入"而不仅仅是"票面利息收入"。因此我们建议,若要坚持对国债投资给予税收优惠,应对票面利息收入和资本利得均免税,以反映债券利息收入的实质。

具体在操作中,在每年年末根据公允价值计算当年的资本的利得,再将票面利息收入和资本利得加总计算免税额,调减应纳税所得额或者采用持有期收益率计算免税额,调减应纳税所得额。

该方案的优势在于对国债票面利息收入和资本利得采用统一的税收政策,不会对定价带来干扰。

但是该方案存在的最大弊端是国债与其他债券的税收政策仍然不一致,不利于定价基准作用的发挥。

由于国债、地方债税收政策牵涉面较广,审慎起见,建议就以上方案会同财税部门开展相关研究。